NATIONAL
MUSEUM OF
CHINA

国家博物馆
中国馆

人一生一定要看的博物馆

陈晨◎主编

甘肃少年儿童出版社

·兰州·

图书在版编目（CIP）数据

人一生一定要看的博物馆. 中国国家博物馆 / 陈晨
主编 . -- 兰州：甘肃少年儿童出版社，2024. -- ISBN
978-7-5422-7604-9

Ⅰ . G269.1

中国国家版本馆 CIP 数据核字第 20241ZC984 号

人一生一定要看的博物馆
REN YISHENG YIDING YAO KAN DE BOWUGUAN

中国国家博物馆
ZHONGGUO GUOJIA BOWUGUAN

陈晨 主编

选题策划：冷寒风

责任编辑：赵文青

项目统筹：卢雅凝

文图统筹：李晨

封面设计：罗雷

美术统筹：孙姝宁

出版发行：甘肃少年儿童出版社

（兰州市读者大道 568 号）

印　　刷：天津市光明印务有限公司

开　　本：710 毫米×880 毫米 1/16

印　　张：5.5

字　　数：110 千

版　　次：2025 年 1 月第 1 版

印　　次：2025 年 1 月第 1 次印刷

印　　数：1～20 000 册

书　　号：ISBN 978-7-5422-7604-9

定　　价：34.00 元

如发现印装质量问题，影响阅读，请与出版社联系调换。

电话：0931-8773267

博物馆收藏过去，但更关乎当下和未来

2024 年，在"5·18 国际博物馆日"中国主会场活动的开幕式上，国家文物局正式发布了 2023 年度中国博物馆事业发展最新数据。2023 年中国全年新增备案博物馆 268 家，全国备案博物馆数量达 6833 家；全年举办陈列展览 4 万余场、教育活动 38 万余场；接待观众 12.9 亿人次。我国博物馆以平均每年约 300 家的数量持续增长，总量已居世界前列。

逛博物馆已经在不知不觉中成为我们一种不假思索的选择，成为我们美好假日生活的一块不可或缺的拼图。博物馆里珍稀的古代遗存、奇妙的动植物标本吸引着我们，文明演进的痕迹、人类历史的缩影滋养着我们。

在博物馆里，你将看到古老的秘密如何被一一揭开，那些沉睡千年的文物，以怎样的姿态诉说着过往的辉煌；你将感受到古代大师们笔下那震撼人心的力量，每一幅画作、每一件雕塑都是那个时代的缩影；你还将领略到自然科学的神奇与伟大，从微小的细胞世界到浩瀚的宇宙星空，科学的魅力无处不在。

但博物馆的魅力远不止于此。它们还是连接过去与未来的桥梁，是不同文化交流的平台。在这里，不同肤色、不同语言的人们因为共同的兴趣与追求而相聚，共同感受人类文明的多样性与包容性。每一次展览，都是一次思想的碰撞与融合，激发着人们对美好生活的向往与追求。

因此，本书不仅仅是一本关于博物馆的参观指南，更是一本心灵洗礼与启迪之书。我们希望通过这些文字与图片，能够激发每一位读者对知识的渴望、对文化的尊重、对历史的敬畏。让我们一同走进这些博物馆，开启一场场精彩的探索之旅吧！

在接下来的旅程中，愿你能感受到历史的厚重、文化的深邃、科学的魅力以及人性的光辉。愿这本书能带你走近博物馆、走进博物馆，更能"读懂"博物馆。

目录

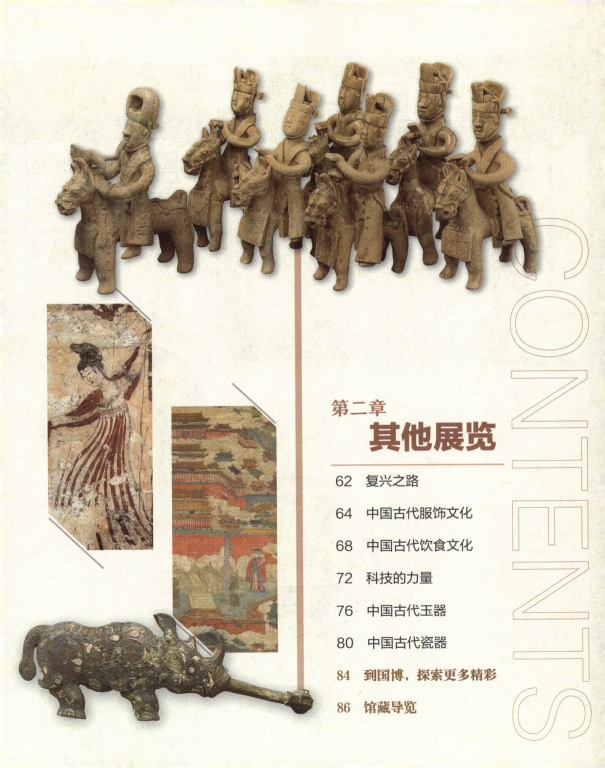

第二章
其他展览

CONTENTS

百年国博，八方聚宝

　　矗立于北京中轴线与长安街交汇处、天安门广场东侧的中国国家博物馆，正式组建于 2003 年，但追溯其前身，已有超过 110 年的历史。这里荟萃中华民族数千年的历史与文化，在我们面前展开一幅壮丽而恢宏的国宝画卷。

基本情况

　　中国国家博物馆，简称"国博"，其展览陈列丰富多样、结构均衡。基本陈列"古代中国"以朝代更替为脉络，展现出中华文明的绵延不绝；中国古代玉器、瓷器、服饰文化及古今科技等专题展则展现出中华文明的宽广与博大。国博每年还会推出多个不同主题的临时展览和巡展，是极具特色的中华文化展示窗口。

▶ 中国国家博物馆的西侧有一条高约 33 米、长 100 多米的大型柱廊，它被认为是中国国家博物馆最核心的形象，有"胜利之门"的寓意。

柱廊

愚公移山

◀ 中国国家博物馆西大厅的墙壁上，镶嵌着大型浮雕作品《愚公移山》。该浮雕作品以徐悲鸿画作《愚公移山图》为蓝本，鼓舞人们不畏困难，努力奋斗。

▶ 中国国家博物馆西大厅的穹顶上，有 368 个古典与现代风格相结合的藻井。它们兼具照明、采光和通风功能，组成了令人叹为观止的景观。

藻井

中国国家博物馆
NATIONAL MUSEUM OF CHINA

改扩建前

改扩建后

时间轴

国立历史博物馆筹备处在国子监成立，它是中国国家博物馆可以追溯的最早前身。筹备处成立之初，就筹集到了5万多件文物。

1912 年

由于文物数量日渐增多，而国子监房屋狭小，不利于存放，国立历史博物馆筹备处搬迁至故宫午门。但遗憾的是，国立历史博物馆不被重视，长期处于筹备状态。

1918 年

在私人资助下，国立历史博物馆于10月10日首次举办展览，这一天也是国立历史博物馆的正式开馆日。在不到一个月的时间内，国立历史博物馆就接待了超过18万人次的参观者。

1926 年

1949 年

国立历史博物馆更名为"国立北京历史博物馆"。

国立革命博物馆筹备处在北海团城成立。同年7月，更名为"中央革命博物馆筹备处"。

1950 年

1954 年

国立北京历史博物馆在午门举办了"全国基本建设出土文物陈列展"，这是50年代前期影响力最大的展览。

为迎接建国10周年，天安门广场的东侧开始修建历史博物馆和革命博物馆的新馆。

1958 年

1959 年

两馆落成，这一工程的建设只用了11个月。至此，两座博物馆终于拥有了属于它们的场地，不必再四处迁移。

北京历史博物馆更名为"中国历史博物馆"。中央革命博物馆更名为"中国革命博物馆"。

1960 年

2003 年

中国历史博物馆和中国革命博物馆两馆合并，组建中国国家博物馆。

随着时间的推移，博物馆出现文物保管空间不足、观展方式滞后等问题，因此开始在原址进行大规模的改扩建。

2007—2010 年

2012 年

改扩建后的中国国家博物馆正式对外开放。

第一章

古代中国

远古时期

夏商西周时期

　　我们将沿着时间的脉络，穿越中国历史的每一个重要时期，重新走过这片古老土地上文化与历史发展变迁的进程。

　　我们的旅程从远古开始，简朴而粗犷的石器与陶器，见证了人类文明最初的觉醒；夏商周的青铜器，铸成礼仪之邦的厚重，也反映出人们对美的追求与渴望。从秦砖汉瓦、魏晋风度，到盛唐气象、宋之雅韵，再到明清时期封建王朝最后的辉煌。"古代中国"展的珍贵文物，不仅是对历史变迁的回顾，也是对中国古代文化深度与多样性的描摹，每件文物都是历史的缩影，讲述着过去的智慧与故事。

春秋战国时期

秦汉时期

三国两晋
南北朝时期

隋唐五代时期

明清时期

辽宋夏金元时期

远古大地上的文明曙光

中国国家博物馆地下一层藏着一段悠久的人类历史。走进"古代中国"展的第一个篇章——远古时期展厅，仿佛穿梭时空，回到了那个人类刚刚开始探索世界的时代。骨、石、陶、玉，为我们讲述这个从约200万年前开始的故事。

陶盆内壁绘出的圆形人面似乎正闭着双眼。

⊡ 鹳（guàn）鱼石斧图彩绘陶缸 ⊡
新石器时代
1978 年河南省临汝县（今汝州市）阎村出土

▼ 新石器时代这位不知名的画师采用了不同的画法来表现鹳、鱼、石斧：鱼和石斧采用勾线和填色的方式，而陶缸左侧的鹳则不加勾线，只用白色来表现鸟类轻柔的白羽。

39.8 厘米

嘴巴两侧绘有变形的鱼纹，就好像嘴里同时含着两条大鱼。

人面的头顶上有一个类似发髻的尖状物和鱼鳍形的装饰，双耳上分置两条相对的小鱼。

32.7 厘米

⊡ 人面鱼纹彩陶盆 ⊡
新石器时代
1955 年陕西省西安市半坡出土

47 厘米

陶器上的文明印迹 ⊡

在新石器时代，陶器的出现不仅为人类的日常生活带来了便利，更悄然开启了一扇通往艺术表达的大门。那些早期的陶器，虽然在外形和装饰上朴素无华，却如同沉默的守护者，在人类文明的长河中占据着不可磨灭

有学者认为，陶缸上的这幅画可以称得上是中国画的雏形。

20.1 厘米

的地位。它们形态各异，宛若时光的容器，承载着古人的日常点滴与生活习俗。在那个时代，陶器不仅是人们用以储存食物与水的得力助手，同时也是烹饪与加工食物的忠实伙伴。

然而，这些陶器仅仅是生活中默默无闻的"劳动者"吗？不，它们还是那个时代艺术与文化的传声筒。许多陶器上都绘有形态各异的图案和纹饰，或描绘人物，或勾勒植物，或铺陈几何图形。新石器时代的艺术家，用泥土与火焰讲述着古老而迷人的故事。在这些图案与纹饰中，我们不仅能够窥见艺术的曙光，更能感受到那个时代人们的生活气息和审美情趣。

● **他们在跳什么舞？**

猜测一：人物身上有羽饰与兽尾，可能是模拟动物与狩猎过程的舞蹈。

猜测二：人物动作整齐划一，方向一致，带有庄重色彩，可能是在通过舞蹈的手段进行原始祭祀。

猜测三：可能是人物祈求农作物丰收、人口繁盛的舞蹈。

最外侧舞蹈者的手臂画成了两条，为了表现臂膀在不断频繁摆动。

回 **舞蹈纹彩陶盆** 回
新石器时代

高 14.1 厘米，口径 28 厘米
1973 年青海省大通县
上孙家寨出土

▶ 彩陶盆呈橙红色，外壁绘有简单的黑色线条作为装饰，内壁绘有 3 组舞蹈图，舞蹈者形象以单色平涂手法绘成，形象简练生动。

舞者脚下平行的几圈横线像是水波。

● **远古时期（约 200 万年前—约前 2070）**

在有文字记载以前，人类已有了历史。学者以使用打制石器还是磨制石器为标准，将这段时期分成了旧石器时代和新石器时代。

旧石器时代是人类历史的最初阶段，这一时期的人类主要使用打制石器和木棒等简单工具，以采集、狩猎为生，居住于洞穴或野外。漫长的历史见证了人类从直立人、早期智人到晚期智人的进化过程。

新石器时代，人们开始使用磨制石器，制作陶器。农业和畜牧业出现，丰富多样的地域文化逐渐形成。到了新石器时代的晚期，社会结构逐渐分化，逐步向早期国家形态过渡。

连通天地的神秘玉器

在古代中国，玉不仅仅是一种珍贵的材料，还承载着特殊的文化意义。玉器的精致和美丽展现了古人对美的追求。但你或许会感到疑惑，眼前这件细长而中空的筒形玉器，是做什么用的呢？

其实，它是一件玉琮（cóng），来自良渚（zhǔ）遗址。玉琮在良渚文化中扮演着至关重要的角色，被认为是一种神圣的礼器，通常用于宗教巫术活动。其上的兽面纹不仅是装饰，也可能象征着古代巫术活动的情况。关于玉琮的具体用途，学者们提出了许多假说，从沟通天地的法器，到祭祀地祇（qí）的礼器，再到殓葬器具，至今未有定论。

• 良渚玉琮上的兽面纹

良渚玉琮上的兽面纹，是中国古代玉器上的一种典型装饰图案。在出土的诸多良渚文化玉琮中，可以看出兽面纹从繁到简的演变，但它们始终保持着一种神秘而庄重的风格。国博所藏这件玉琮上的纹饰，就已简化得只剩平行的线条。浙江省博物馆所藏的"玉琮王"上，刻有目前所见最为完整精细的兽面纹。图案包括上方的神人以及下方的兽面两部分，蕴含着古人对自然和宇宙的崇拜以及对神秘力量的敬畏。

玉琮王上的兽面纹

玉琮俯视图

回 **玉琮** 回
新石器时代
1958 年征集

49.7 厘米

在形态上，玉琮也分为多种类型，有的低矮而宽大，有的高长而偏细。浙江省博物馆所藏的良渚"玉琮王"属于前者，而国博的这件玉琮属于后者。它由碧玉雕琢而成，呈现出内圆外方、上大下小的独特形态，共有 19 节，是国内目前所知最高的玉琮。

中华第一龙 ▣

　　龙，这个神秘而又庄严的形象，在中国千年的历史长河中威风凛凛。它不仅仅是传说中的神兽，更深深植根于中华民族的精神之中。在古籍与传说中，龙以其神通广大、变化无穷的能力，代表着天地之间最为尊贵的力量。皇帝的衣袍上绣着龙，以示至高无上；民间的艺术作品里，龙的形象更是随处可见，寄寓着人们对于吉祥、强大与希望的向往。可以说，龙已经深深地融入了我们的文化血脉，成为中华儿女共同的精神财富。

26 厘米

▣ **玉龙** ▣
新石器时代
1971 年内蒙古自治区赤峰市
翁牛特旗赛沁塔拉出土

▲ 这件文物被誉为"中华第一龙"，它向我们展示了龙形象的原始形态。

辽宁省朝阳市牛河梁遗址出土

▣ **玉玦形龙** ▣
新石器时代

5.2 厘米

7.2 厘米

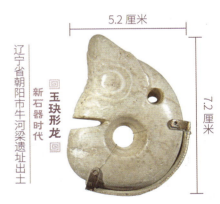

▲ 这件玉器造型奇特，头部似猪首，是猪、龙合体的形象，因此也被称为"玦（jué）形玉猪龙"。

　　追根溯源，早在新石器时代的文物中，就已经能够看出古人对于龙的崇拜。国博中展出的这件玉龙属于红山文化，由墨绿色岫（xiù）岩玉雕琢而成，造型生动，躯体如同卷曲的钩子，吻部修长，具有很高的艺术价值。

　　这些来自远古时期古老的展品，每一件都是时间的见证者、文明的传递者。从旧石器时代到新石器时代，我们见证了中华文明的曙光，如同初升的太阳缓缓升起，照亮了历史的征途。石器时代的故事虽然告一段落，但文明的脚步从未停止，接下来我们将迎来夏商西周的"青铜时代"。

早期国家的
形成
与
发展

古老而神秘——这是我们对夏商西周时期模糊的印象。夏商西周时期的甲骨、青铜器、玉器见证着数千年前人们的政治、文化、艺术和日常生活，使我们得以窥见那个时代的面貌。让我们走进夏商西周展厅，与这些文物进行一次跨越时空的对话，探寻那些深埋在岁月尘埃中，却永远闪烁着智慧光芒的宝藏。

◀鼎耳外侧的纹样为两头站立着的猛虎，张开的虎口中间有一个人头，看起来像是老虎正在吞噬这个人。

▼鼎腹周缘饰饕餮（tāo tiè）纹，以云雷纹为地。

犄角　翅膀　尾巴
眼睛　　　身体
鼻梁　足　　云雷纹

回 "后母戊（wù）"青铜方鼎 回
商

高 133 厘米，口长 112 厘米，口宽 79.2 厘米
1939 年河南省安阳市武官村出土

王室重器

首先，让我们来认识一下我国最著名的一件青铜器，也是中国国家博物馆的镇馆之宝之一——"后母戊"青铜方鼎。它是中国青铜器中的巨作，也是迄今为止发现的最大、最重的一件商朝青铜器，重832.84千克。这件方鼎器型巨大，纹饰精美，是商朝青铜器铸造技术巅峰的代表作。

在进入中国国家博物馆之前，"后母戊"青铜方鼎曾经历了波折的命运。它于1939年出土于河南省安阳市的武官村。有一名古董商人听闻后，想要从发掘此鼎的农民手中收购它，但因青铜器体积太大，必须分解才能运出而放弃。当时正值抗日战争时期，当地村民为了防止国宝被日本侵略者劫掠，又将它重新掩埋到了地下。战争结束后，方鼎终于收归国有。

1948年，"后母戊"青铜方鼎于江苏南京首次对外展出。1959年，它入藏国博的前身——中国历史博物馆。

险遭分解，躲过抢掠，终于重见天日……跌宕起伏的命运更为这件国宝增添了几分传奇色彩。

●名称之争

最初，专家把青铜方鼎上的铭文释读为"司母戊"，它也就被称为"司母戊鼎"。后来，又有学者认为，铭文应为"后母戊"。"后"表示尊贵、伟大或者王后的意思。在汉字发展的早期阶段，字的构件并不十分固定，常常可以互换或对称。铭文究竟如何解释，到现在还存在一些争议。

▶同样面临着是"后"还是"司"的争议的，还有这件"后母辛"青铜觥，它与"后母戊"青铜方鼎的制造年代相近。

●夏商西周时期（约前2070—前771）

大约在公元前21世纪，大禹因治理洪水有功被推举为联盟首领。后来，他把首领之位传给了自己的儿子启。传统的禅让制被王位世袭制所取代，中国历史上的第一个王朝夏朝出现了。相传夏朝末年，君主桀治国无道，商族部落首领成汤率领商族起兵灭夏，建立商朝。商朝君主盘庚将商朝都城迁至殷（今河南安阳），并使商朝在此强盛。在商朝后期，周部族逐渐强大，周武王于公元前11世纪联合许多方国、部落，大败商军，建立周朝，定都于镐京（今陕西省西安市长安区西北）。周武王去世后，他的弟弟周公摄政，周王室通过分封诸侯的方式巩固了统治。

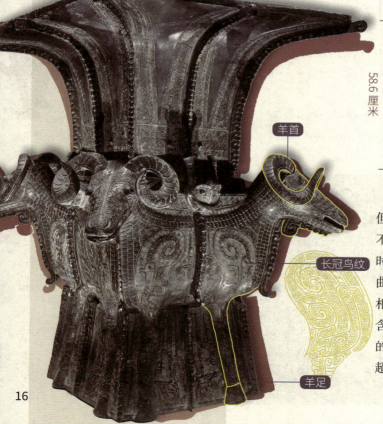

三苗之风

在中国的远古时期，传说曾存在过炎帝、黄帝、蚩（chī）尤这些氏族集团，他们在中华大地上不断斗争、融合，造就了一个史诗般的英雄时代。黄帝大战蚩尤，蚩尤部落战败后南迁，组成了"三苗"部落联盟。到了商朝，三苗部落所在的以两湖平原为中心的广大地区，既是殷商的南土，也有土著势力存在。

中国国家博物馆中的四羊青铜方尊，就是三苗文化的典型代表。它是中国青铜铸造史上最伟大的器物和艺术品之一。方尊周围的4个突出的羊头起到了画龙点睛的作用，使整件器物焕发出了巨大的活力。

44.4 厘米

58.6 厘米

四羊青铜方尊纹样繁复，但主题突出；神秘、古朴，又不乏意趣；造型稳重雄奇，同时也兼具灵动、平和；直线与曲线完美地结合在一起，刚柔相济。如此精美的器物，既包含古代工匠巧妙的设计与非凡的想象力，又展现出了他们高超的铸造技艺。

◎ 四羊青铜方尊 ◎
商

重 34.6 千克
1938 年湖南省宁乡县（今宁乡市）黄材镇出土

▼这件青铜方尊将夔（kuí）龙纹、长冠鸟纹、云雷纹等平面纹饰与四只卷角羊的立体雕塑巧妙地结合在一起，展现在器物之上，使原本造型端正的方尊变得十分生动。值得一提的是，器身周围凸出的数条扉棱，既是方尊上的装饰，又恰到好处地掩盖了拼合的痕迹。

羊首

长冠鸟纹

羊足

妇好的酒尊

国博中收藏有一件青铜尊，名为"'妇好'青铜鸮（xiāo）尊"。"鸮"就是我们俗称的猫头鹰，长期以来一直被认为是形貌与声音都很丑恶的不祥之鸟，因此几乎没有以此为主体的装饰或图案。但在遥远的商周时期，人们对鸮的认识似乎与后人不同。有学者认为，当时鸮形的器具有保卫夜间享宴生活的寓意。

这件鸮尊描绘的是一只神气的猫头鹰。制作它的工匠创造性地把鸮的双足和尾巴作为青铜尊的3个支点，让它既与真实的鸮形似，又能发挥实用功能，稳稳地立在平面上。

水从猫头鹰脑后的开口注入。

回 **"妇好" 青铜鸮尊** 回
商

重 16.7 千克
1976 年河南省安阳市
殷墟妇好墓出土

◀ "妇好"鸮尊出土时共有两件，另一件现藏在河南博物院。

盖 13.2 厘米

45.9 厘米

足 13.2 厘米

● 是王后，也是将军

妇好雕像

这件国宝的原主人妇好，是商朝后期的一位贵族女性。她是商王武丁的妻子，但她的名气远比丈夫要大。妇好不仅是一个妻子、母亲，更是一名征战四方的将军。在内，她协助武丁治国，拥有自己的封地；在外，她亲自带兵征战，显示出非凡的军事才能。妇好墓中出土的大量青铜器、玉器等随葬品，显示了她特殊的身份与地位。

甲骨上的文字

目前我们发现的最早的汉字，是商朝刻在龟甲兽骨上的甲骨文。

对于数千年前的商朝统治者来说，这些小小的甲骨有着重大意义，生活中的大小事宜都要用甲骨进行占卜：会不会有灾祸、会不会下雨、农作物能不能有好收成……这些问题被负责占卜的人刻在乌龟的腹甲或牛的肩胛骨上。商朝人认为，解读甲骨加热后产生的裂痕，就能得知鬼神的答案。

我们接下来要了解的这两件卜骨上的刻辞都有涂成红色的痕迹，这被称为"涂朱"，在当时代表卜文非常重要。

"土方入侵"涂朱卜骨刻辞
商

长 22.5 厘米，宽 19 厘米
传河南省安阳市殷墟出土

▲ 这件文物有"甲骨之王"的美称，其正反两面都有刻辞，记录了当时商与周边方国之间发生的几次战争。224 字的刻辞具备甲骨卜辞的完整程式，提供了有关商代历史、军事制度等宝贵信息。

19.8 厘米

32.2 厘米

这个字是甲骨文中的"虹"字，它是一个象形字，形态看起来正如一道彩虹。

"有出虹自北饮于河"刻辞卜骨
商

传河南省安阳市出土

▲ 这片甲骨上的刻辞记录了一次商朝人观测天象并进行占卜的过程，反映了商朝人对自然现象的观察和解释。

铭文上的历史

你可曾阅读过这些古老青铜器上的铭文？它们也被称为"金文"，诉说着古人的故事。这些青铜器铭文，有的是祭祀的颂歌，记录着对天地、祖先的虔诚敬仰；有的是赠赏的记载，见证了君臣之间的恩宠与忠诚；有的是族谱的篇章，昭示着家族的荣耀与血脉；有的是历史的铭刻，刻画着战争、联盟、土地的史诗；有的是心愿与祝福的传递，承载着丰收与繁衍的希望。

22 厘米

28 厘米

20.2 厘米

20.2 厘米

回「利」青铜簋回
西周

1976 年陕西省西安市
临潼区零口镇出土

这个字的左半部分为"王"，右半部分为"武"，合并成"珷"字，在西周时期的金文中专指周武王姬发。

这件"利"青铜簋铸造于周武王时期，器内镌刻着 32 字铭文。青铜器的主人名叫"利"，他曾随周武王参加战争，胜利后受到奖赏，铸造了这件青铜器用以记功，并祭奠祖先。它之所以如此重要，正是因为这段铭文中记述了武王灭商的历史事件。铭文第一句的大致意思是：武王征商，是在甲子日的清晨。

在古代文献中也有关于武王灭商的记述，如《尚书》中的"时甲子昧爽，王朝至于商郊牧野，乃誓"。而这件青铜器的发现，印证了古籍记载的真实性，武王灭商确有其事，也成为商周断代的重要参考。

"利"青铜簋上的铭文，仿若远古王者的低语；鸮尊的姿态，承载着古老文化的深邃。而那尊雄伟的"后母戊"青铜方鼎，更是让人感受到了这个时代的庄严与神秘……随着时间的推移，中华大地上的政治、经济、社会状况发生了前所未有的巨大变革，原有秩序难以维系，一个礼崩乐坏、战乱频发却又思想繁荣的时代即将到来。让我们沿着展厅的文明脉络继续前行，走入下一部分。

争霸与争鸣的史诗

告别了夏商西周的神秘与古朴，沿展厅路线继续前行，映入眼帘的是一个诸侯争霸的时代——春秋战国。各国兴起的变法革新、诸子百家的思想争鸣，都是这一时代独特的魅力所在。

来自楚国的"细腰"鼎

中国国家博物馆中藏有一件造型特别的鼎——"王子午"青铜鼎，它的主人是春秋晚期楚国王族王子午。春秋战国时期，大多数的鼎都是鼓腹立耳，而来自楚国的"王子午"青铜鼎则腰腹内收、双耳外撇，具有强烈的动感和曲线美。精细的纹饰、精湛的工艺、奇巧的构思，无不体现出楚文化独具特色的艺术个性和浪漫气质。

这件鼎特别的造型或许与楚人对细腰的偏好有关。在《战国策》和《墨子》等古籍中，曾记载着春秋时期楚国的一个故事：楚灵王喜欢有纤细腰身的人，宫中人为了讨好楚灵王纷纷节食，甚至有人饿死。

"王子午"青铜鼎的鼎腹中刻有 84 字的铭文。青铜器中有铭文是一件常见的事，但这篇铭文却有它的特别之处：铭文采用的字体是一种古老的美术字，名为"鸟虫书"，它异常华丽，富有装饰性。这种字体在南方的吴、楚等国非常流行，但像这件鼎中这种长篇的鸟虫书铭文，仍极为罕见。

• 铭文"王子午"

与出土的春秋战国的其他青铜器铭文相比，"王子午"青铜鼎上的鸟虫书字形纤长，曲线优美，许多字的左右都有向内收的弧形线条，笔画中间具有装饰性的加粗也是这种字体的一个显著特点。

"王子午"青铜鼎铭文

王	子	午

大克鼎铭文　　"虢季子白"青铜盘铭文　　公父宅匜 (yí) 铭文

● 春秋战国（约前 770—前 221）

春秋战国时期，西周以来的礼制分崩离析，自前 770 年周平王东迁以后，王室逐渐衰微，失去能够控制诸侯的绝对力量。同时，社会经济正在迅速发展，中原各国有的强大起来，有的衰落下去。于是，诸侯国相互兼并，大国间争夺霸主的局面出现了。

春秋时期，在争霸中脱颖而出的国家有齐国、晋国、楚国，以及长江下游的吴国和越国。到了战国时期，则有齐、楚、燕、韩、赵、魏、秦七个大国，左右着当时的局势。

春秋战国，也是一个思想活跃的时期，儒家、墨家、道家、法家……无数思想家涌现，他们或奔走于列国之间向诸侯传达自己的思想观点，或著书立说、广收学生。这一历史现象被称为"百家争鸣"。

鼎的铸造使用了当时先进的技术。鼎腹外围 6 条立体的龙形怪兽是以失蜡铸造技术制成的，各部件的连接则采用了焊接技术。

"王子午"青铜鼎在当时共出土了相似的 7 件，中国国家博物馆收藏的是其中最大的一件。

▣ "王子午"青铜鼎 ▣
春秋
高 67 厘米，口径 66 厘米，重 100.2 千克
1978 年河南省南阳市淅川县下寺 2 号墓出土

摆放在鼎旁的这个长长的器物名为"匕"，是与鼎配套使用的勺子。鼎除了具有礼器的意义之外，还有锅的功能，匕就是用来从"锅里"捞食物的。

21

最早的"冰箱"

　　你知道吗？春秋战国时期的古人也能喝到冷饮——虽然这只是贵族的特权。在展厅中有一件文物，被称为"世界上最早的冰箱"，它就是这件青铜冰鉴。

　　单看外表，这件冰鉴就已足够奢华。冰鉴呈方形，体态厚重，器盖和器身都镂刻着繁复的花纹。它的使用方式更是令人称奇——冰鉴分为内外两层，外层为方鉴，内层为方尊缶，底部还有特殊的结构，能够让二者连接稳固，不易晃动，只要把冬天储存的冰块放入鉴、缶壁之间的位置，就能够在春夏时节享用到冰凉可口的酒了。

　　这件冰鉴出土于曾侯乙墓，墓主人是战国早期的曾国君主乙，墓中有包括礼器、乐器、竹简、兵器等大量随葬品，其中最为著名的是曾侯乙编钟。青铜冰鉴共出土了造型相同的两件，一件收藏于中国国家博物馆，它的"孪生兄弟"则收藏于湖北省博物馆。

冰鉴结构示意图

冰鉴内层的缶用来盛酒。

中间的夹层用来放冰。

◨ **青铜冰鉴** ◨
战国

长 76 厘米，宽 76 厘米，高 63.2 厘米
1978 年湖北省随州市擂鼓墩 1 号墓出土

与冰鉴配套的还有一把长柄青铜勺，它的长度可以触及冰鉴内层的底部，用于从中取酒。

铁器的兴起

春秋战国时期，各国的变法革新促进了地区经济的迅速发展。铁器的普遍使用提高了农业生产效率，促进了手工业、商业的繁荣。各国的都邑不仅是政治、军事中心，更逐渐发展为工商业的大都会。

春秋时期，中国人已经掌握了冶铁技术。战国时期，人们还学会使用铁制模具，用浇筑的方式制造铁器，极大提高了铁器产量。战国中期，铁器已被广泛用于农业。展厅中的这件双镰铁范就是用于制造农具的。

铁范中的镰刀靠近把手处，有"右廪"字样的铭文，这是铸范工官的名称。

◙ 双镰铁范 ◙
战国

1953 年河北省承德市兴隆县古洞沟出土

●铁犁牛耕

春秋战国时期，人们开始使用铁制农具和牛来帮助耕作。图为牛耕图画像石上的图案。汉朝以后，铁犁牛耕成为我国传统农业的主要耕作方式。

最早的人工炼铁技术是在 800—1000℃ 的温度下，不断锻打排除杂质，炼制出固态铁的块炼铁技术。液态铁的冶炼需要更高的温度使铁液化，然后浇筑于模范中冷却成为器具。双镰铁范告诉我们，当时人们已经掌握了液态铁冶炼的技术，还用铁制模具来制造更多器具。

●器的模范，人的模范

在博物馆中，我们可以看到很多名字中有"范"的文物，它们是用来制作金属器物的模具。工匠将液态铜或铁倒入这些范中，待其冷却凝固后便形成了各式各样的金属器物。利用范进行铸造，古代工匠能够实现器物的批量生产，并保证成品的标准化和一致性。于是，"范"字也逐渐被引申为榜样的意思，今天我们常说的词语"模范"正源于这种铸造技术。

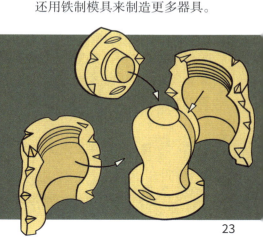

鎏金嵌玉龙首银带钩
战国
1951 年河南省辉县市固围村出土

3.5 厘米
3.5 厘米
2.6 厘米
18.7 厘米
4.9 厘米

衣带上的奢侈品

　　如果以为春秋战国时期的人们只会制造端庄大气却稍显笨重的青铜礼器和用具，那么，展厅中这件小巧精致的带钩大概会让你感到惊讶。来自战国中期的它，主体为银质，上有鎏金作为点缀，历经千年岁月仍然闪闪发光；带钩上镶嵌着 3 枚白玉玦，最前端的钩体也是玉质的。金、银、玉这 3 种昂贵的材料，都汇聚在了这件小小的带钩上。

　　春秋时期带钩已十分流行，战国时期更是使用带钩的高峰期，它是当时的服饰中必不可少的一部分。你也许听过这个故事：春秋时期，管仲刺杀公子小白，却因为射中了公子小白腰间的带钩而失败。可以说如果没有带钩，也就没有后来春秋五霸之一的齐桓公了。不知我们面前的这件带钩，是否也承担过相似的使命？

错金银犀牛青铜带钩
战国
长 17.5 厘米，高 6.5 厘米
1954 年四川省广元市宝轮院出土

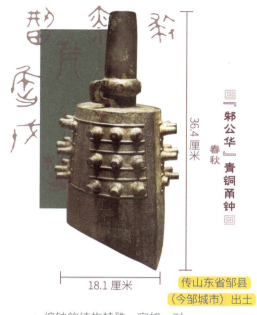

「邾公华」青铜甬钟

春秋

36.4 厘米

18.1 厘米

传山东省邹县
（今邹城市）出土

▲ 编钟的结构特殊，宛如一对合起来的瓦，敲击编钟的正面和侧面能够奏出两种不同的音高。

响彻千年的金石之音

在展厅的一个角落，摆放着一架来自战国的古老乐器——青铜编钟。黑红相间的架子、13 件从大到小依次悬挂的编钟、一柄纤细的小锤，构成了这个端庄典雅的乐器。周朝贵族的音乐主要是配合礼仪演奏的，被称为"礼乐"，曲调严肃、平稳，十分庄重。编钟是礼乐用器，其数量多少在当时是身份和地位的象征，数量越多，代表主人的地位越高。

这架青铜编钟于 1957 年在河南省信阳市被考古工作者发现，是中华人民共和国成立以来出土的第一架编钟。1970 年，用这架编钟奏响的乐曲《东方红》，还被我国第一颗人造卫星"东方红一号"带上了 2000 多千米的太空！

30.5 厘米　25.7 厘米　24.5 厘米　23.4 厘米　21.8 厘米　21.4 厘米　20.3 厘米　19 厘米　17.6 厘米　16.6 厘米　15.9 厘米　15.5 厘米　13 厘米

青铜编钟

战国

1957 年河南省信阳市长台关出土

春秋战国，这个充满变革与碰撞的时代，为我们留下了丰富而宝贵的遗产。这些文物勾勒出了一幅波澜壮阔的历史画卷，向后人展示着昔日的多姿多彩与辉煌。随着秦国在西北逐渐崛起，一一吞并六国，诸侯争霸的局面也终将画上句号，迎来一个大一统的时代。

秦汉大一统

秦汉时期，是中国历史上一个划时代的阶段。秦始皇统一六国，开创了中央集权的先河；汉武帝扩张疆域，推动了中原与西域的文化交流。这一时期的变革与发展，对中国乃至世界都产生了深远影响。

●秦汉时期（前 221—公元 220）

战国晚期，秦国经历商鞅（yāng）变法，迅速发展壮大，形成强盛的国力与军力，为吞并六国奠定基础。秦王嬴政历时 26 年，建立了统一的多民族中央集权国家，成为中国第一位皇帝。公元前 210 年，嬴政驾崩，胡亥继位，积累的民怨爆发。陈胜、吴广率领农民起义军与各地反秦势力相继揭竿而起。后期，刘邦与项羽成为反秦斗争的主要领导者，最终刘邦胜出，建立汉朝，史称"西汉"。

西汉时期，经过一段时间的休养生息，国家经济与文化恢复并进一步发展。然而在西汉末年，外戚王莽篡权，建立新朝。新朝未能改善西汉末年的乱局，农民起义频发。加入了绿林军的西汉皇室后裔刘秀的势力逐渐强大，他沿用"汉"为国号，建立起王朝，史称"东汉"。在他的努力下全国复归统一。东汉在文学和科技领域都取得了辉煌的成就。

犀牛口部的右侧藏着一条出水管，用于倒出酒水。

精致的错金银花纹精美华丽。

犀牛的尾巴微微弯曲，正好可以作为尊的把手。

灵犀在心

健硕的身躯，粗壮的四肢，锋利的犄角，微偏的头颅……这就是中国国家博物馆所藏秦汉文物中最具代表性的文物之一——错金银云纹青铜犀尊。从名字就可以看出，它由青铜制成，表面以错金银工艺饰有美丽的花纹，是一件模仿犀牛形态制造的酒尊。

古人经常把酒尊做成动物的形态，这类器物被称为"肖形尊"。到了汉朝，肖形尊虽然已经不如商周时那样流行，但仍然被人们钟爱。这件犀尊造型生动，看起来十分逼真。

在我们的认知中，犀牛似乎大多生活在热带，主要分布在亚洲和非洲的开阔草原。难道中国古代也有犀牛吗？答案是肯定的，这件犀尊的原型是古代生活在中国的"苏门犀"，它们的特征是体形较小，头上长有双角。然而，由于人类活动的影响以及无节制的猎杀，这种犀牛大约在汉代就已经在中国绝迹。犀尊的出土，也在警示着我们：保护动物，维持生态平衡，就是在保护我们自己。

回 **错金银云纹青铜犀尊** 回
西汉
高 34.1 厘米，长 58.1 厘米
1963 年陕西省兴平县
（今兴平市）出土

27

秦王扫六合

　　"秦王扫六合，虎视何雄哉！"李白诗句中的描述，不仅仅是一种文学上的想象，更是历史的真实写照。在中国国家博物馆，存放着两件与此相关的珍贵文物——秦始皇兵马俑和阳陵虎符，它们见证了嬴政的雄才大略。

　　首先，我们看到的是这位两千多年前的中下级军吏，他的样子被做成了陶俑——神情威严凝重，头戴长冠，身着长襦与铠甲，足登方口履，右手原本可能握有长柄兵器，现在只剩半握的手形，左手自然下垂。这件陶俑立于长方形踏板上，整体形象气宇轩昂，无声地展示着秦国士兵的英勇气概。

　　秦始皇陵的建造始于嬴政即位之初，修陵的工匠不仅有秦人，还有六国统一后被征调的他国工匠。他们心怀国破家亡之痛，将造陶视为苦役，但成功的秦俑塑像仍是多数。逼真的军吏俑形象，成为秦朝雕塑艺术的标志。

陶俑

秦

188.57 厘米

1974 年陕西省西安市临潼区
秦始皇陵兵马俑坑出土

215 厘米

秦始皇陵兵马俑坑

163 厘米

1974 年陕西省西安市临潼区
秦始皇陵兵马俑坑出土

陶马

秦

　　如果说有一件东西，你拿着它回到秦朝，就可以号令秦始皇手下的一支军队，这件东西会是什么？答案是虎符。符节在中国古代是传达朝廷命令、征调兵力的关键凭证，其历史可追溯至战国时期。中国国家博物馆所藏的这枚阳陵虎符，由青铜铸成，形似卧虎，可中分为二。无论是左半边还是右半边，上面都镌刻着 12 字的篆体铭文："甲兵之符，右在皇帝，左在阳陵。" 这表明，虎符的右半由皇帝保管，左半存于阳陵的统兵将领手中。只有使臣持右半符与将领的左半符相合，才能号令军队。

这些文物是一个时代的缩影，我们能够从中感受到那个时代的过往，更加深刻地理解秦朝的历史。

2.1 厘米　3.4 厘米

8.9 厘米

🔲 阳陵虎符 🔲
秦
传山东省枣庄市出土

打起鼓，唱起歌——🔲

两千年前的古人也喜欢看表演。两汉时期，俳（pái）优表演蓬勃发展，成为当时市民生活的一部分。俳优以其幽默、滑稽、讽刺的表演风格，常为宫廷贵族和豪富大吏提供娱乐。汉武帝时期，这种表演形式尤为盛行，不仅成为宫廷娱乐的一部分，而且在民间也蔚然成风。从历史记载与汉朝画像石、墓葬中的乐舞百戏图中，我们随处可见俳优表演。

中国国家博物馆中的这件击鼓说唱俑，便是东汉俳优文化的生动体现。陶俑头戴帻（zé），袒胸露腹，两肩高耸，着裤赤足，极具特色。陶俑的左臂环抱一扁鼓，右手做出举槌动作，右腿前踢，动作夸张而生动，面部表情嬉笑，神态诙谐，仿佛正在进行一场精彩的表演，让观者感受到当时俳优的风采。

56 厘米

🔲 击鼓说唱俑 🔲
东汉
1957 年四川省成都市
天回山出土

29

汉朝贵族的生活————————◎

从展厅中的这两件（组）文物——彩
绘雁鱼青铜釭（gāng）灯和鎏金熊形青铜
镇中，我们能够窥见汉朝贵族的精致生活。
这两件日用品不仅具有实用功能，更具审
美价值，展现了汉朝的工艺水平和审美观。

彩绘雁鱼青铜釭灯设计巧妙、造型优
雅。灯的主体是一只回首衔鱼的鸿雁，雁
颈修长，雁体肥硕，翼展两侧，短尾翘起。
灯盘巧妙地置于雁背，配带有把手、可调
节的灯罩，可用于控制光的亮度和方向，
并起到挡风的作用。这件灯具的每个部分
都可以拆卸，便于清洁，是汉朝工艺品中
的佼佼者。

◀ 在灯身上，可以看到红色、白
色、黑色的彩绘痕迹，生动地描
绘了大雁的羽毛与鱼的鳞片。

这两只熊形青铜镇造型生动，昂首张
口，憨态可掬，它们是汉朝贵族精致生活
的另一佐证。当时的人们还不使用现在这
样的高足桌椅，而是席地而坐。所谓"席
地而坐"，说的就是在地上铺好席子，然
后跪坐于席上。铜镇就是用来压住席角，
防止坐立时把席子弄乱、有损仪态的物品，
一般 4 件为一组。

5.2 厘米

铜镇不仅是实用物品，也是一种兼具美观与趣味的艺术品。汉朝的铜镇多以动物形
象出现，而熊作为一种吉祥的动物，更是受到贵族们的喜爱。

这些珍贵的文物彰显了汉代贵族的奢华生活，同时也映射出当时的艺术潮流和精湛
的工艺技术。透过这些文物，我们可以感受到两千年前汉代贵族的生活情趣和文化品味，
它们是那个时代艺术与生活和谐统一的生动写照。

◀ 这件贮贝器以两只向上的猛虎作为双耳，底部有 3 只兽爪形状的足，其上可见 127 个完整的人物，表现了滇王诅盟的场面。

🔲 诅盟场面青铜贮贝器 🔲
西汉
通高 51 厘米，盖径 32 厘米，底径 29.7 厘米
1955—1960 年云南省昆明市晋宁区石寨山出土

古滇国的 "存钱罐"

　　不知道你有没有注意过，许多与钱有关的汉字，都带有 "贝" 这个部首，如财、账、贷……这是因为在很久以前，古人曾经用海贝来作为货币使用。西汉时，生活于今天云南一带的滇国人仍然在使用贝币，这也就促使他们制造出了很多别具特色的 "存钱罐" ——贮贝器。

　　这些贮贝器大多形状像鼓，以青铜制成，分为器身和器盖两部分，器盖顶上与器身侧面都有生动的造型，既有动物，也有人物，展现出了滇国人的生活。

🔲 贡纳场面青铜贮贝器 🔲
西汉
残高 40 厘米
1955—1960 年云南省昆明市晋宁区石寨山出土

▲ 这件贮贝器的上半部分已经残缺，下半部分的边缘塑造的是一群造型各异的人牵着动物、背着贡品前进，表现了臣服于滇国的族群向滇王纳贡的场面。

　　"秦时明月汉时关，万里长征人未还。" 唐朝诗人王昌龄《出塞》中的这句诗，展现出时间的悠长与空间的辽阔。随着秦汉的落幕，历史的车轮滚滚向前，即将带我们进入一个充满变革和挑战的时代，而那轮秦汉时高悬的明月，依然照耀在我们前进的道路上。让我们继续前往下一个展厅，去见证那个时代的风采。

禁止出国展览的国宝

人面鱼纹彩陶盆、"后母戊"青铜方鼎、"利"青铜簋……这些国宝给我们留下了深刻的印象。其实它们都属于明令禁止出国（境）展览的文物。为了更好地保护它们，国家文物局自2002年至今，共颁布了三批《禁止出国（境）展览文物目录》，收录195件文物。

第一批

首批目录于2002年颁布，其中共有64件（组）文物，涉及从远古时期以来的众多重要国宝，它们分别藏于全国各地不同的博物馆，几乎都能称得上是各馆的"镇馆之宝"。

◻ 鹰形陶鼎
新石器时代

中国国家博物馆 藏

▲这件新石器时代的陶鼎生动地描绘了一只站立的雄鹰，健壮的双腿与下垂至地面的尾巴构成鼎的三足。陶鼎最吸引人的部位是雄鹰的头部，它的双眼炯炯有神，喙部如同一把钩子，彰显出力量之美。

▼这件青铜盘是目前所见商周时期最大的水器。值得一提的是，青铜盘中刻有8行111字铭文，铭文字体修长，笔画匀称，在西周晚期的青铜器铭文中独树一帜，语句内容以4字为主，形式与《诗经》相似，文辞优美。

◻ "虢季子白"青铜盘
西周

中国国家博物馆 藏

第二批

第二批目录颁布于 2012 年，包括 37 件文物。它们都是**书画类**的国宝，其中包括 17 件书法名作与 20 幅古画。

▶《清明上河图》是北宋画家张择端的佳作，属中国十大传世名画之一。该画描绘了北宋都城东京（今河南开封）及汴河两岸的风光，展现了众多人物、建筑、生活场景。

◎《清明上河图》卷◎
宋

◎ 故宫博物院 藏

这幅《兰亭序》为唐朝的冯承素所摹，他采用摹临结合的方式，既保留了原稿的特点，又不因临摹而显得呆板，被认为是最接近王羲之原作的摹本。

◎ 故宫博物院 藏

唐 《冯摹兰亭序》卷 ◎

青铜器

◀这件文物是商鞅变法与秦始皇统一度量衡的见证。它是一件量器，代表着当时一升的容积。

◎商鞅方升◎
战国

◎ 上海博物馆 藏

第三批

第三批目录颁布于 2013 年，包括 94 件文物。目录中将它们分为**青铜器、陶瓷、玉器、杂项** 4 个大类。

▶这件陶壶是一个水壶，造型似船，花纹形似渔网，让人联想到捕鱼后将渔网搭在船边晾晒的场景。

◎ 船形彩陶壶 ◎
新石器时代

陶瓷

◎ 中国国家博物馆 藏

玉器

杂项

◎ 金沙遗址博物馆 藏

◎ 商周太阳神鸟金饰 ◎
商—周

◎ 陕西历史博物馆 藏

◎ 皇后玉玺 ◎
西汉

兼收并蓄的多彩时代

三国两晋南北朝的舞台上，上演着王朝更迭、英雄辈出的壮丽篇章。从群雄逐鹿到三国鼎立，到两晋的兴衰更替，再到南北朝的民族对立与交融——这是一个动荡不安却又充满活力的时期。让我们透过这些珍贵的文物，一同回望那个多彩的时代。

不灭的窑火

在中国历史的长卷上，三国两晋南北朝时期的青瓷以其独特的风韵，成为不朽的时代符号，展现出中国瓷器制造技术的进步。青瓷是中国历史上最早出现的颜色釉瓷，长期在中国瓷器中居主导地位。中国国家博物馆珍藏的青瓷莲花尊、青瓷羊形烛台、青釉球笼形熏炉，不仅是匠人技术的结晶，更是时代风貌的体现。

在那个风起云涌的时代，青瓷以其清雅脱俗的色泽，承载着人们对美好生活的向往与追求。这些青瓷作品，无论是流畅的线条，还是

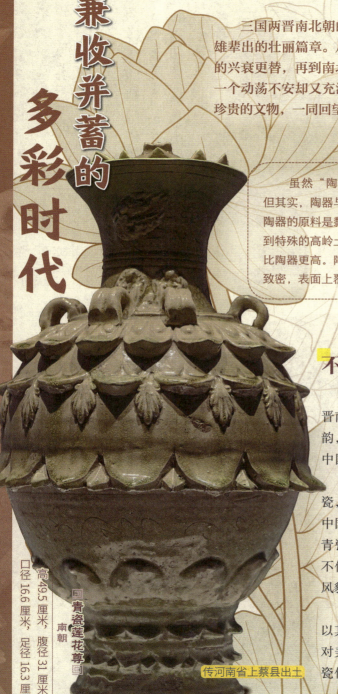

青瓷莲花尊 南朝
高 49.5 厘米，腹径 31 厘米
口径 16.6 厘米；足径 16.3 厘米
传河南省上蔡县出土

• 三国两晋南北朝时期（220—589）

东汉末年，群雄并起，最终演变成魏、蜀、吴三国鼎立的局面，标志着中国历史上著名的三国时期的开始，曹操、刘备、孙权三位杰出的政治家、军事家各据一方。

在三国之后，司马氏建立的西晋统一了全国，但很快随着内乱爆发而陷入动荡。中原汉族世族迁往南方建立东晋政权；同时在北方，各民族先后建立了多个独立政权，合称"十六国"。

随后，中国进入了南北朝时期。南方由东晋发展为宋、齐、梁、陈等南朝政权，在艺术和文学方面取得了非常显著的成就。北方则经历了北魏、东魏、西魏、北齐和北周等北朝政权，并在与南朝的长期对抗中吸收和接纳了汉文化的元素。

长 30.5 厘米，高 25 厘米

1958 年江苏省南京市清凉山出土

青瓷羊形烛台
三国

◀在古代，"羊"字与吉祥的"祥"相通，羊就有了吉祥的寓意。这件青瓷烛台来自三国时期的吴国，造型是一只温驯安详的跪伏山羊，也有学者认为这件器物可能不是烛台，而是一件盛水器。

青釉球笼形熏炉
西晋

通高 19.5 厘米
1953 年江苏省宜兴市周墓墩
周处家族墓一号墓出土

▶古人在生活中，常常会使用熏炉来为房间、衣被熏香，有时甚至有祭祀通神的用途。这件球笼形的熏炉表面光滑，布满了三角形的镂空花纹，球笼顶端还立着一只展翅的鸟。

别致的造型，都展现了当时制瓷工艺的进步与审美的偏好。青瓷莲花尊上的莲花纹饰，似乎在翩然的烟云中盛开；青瓷羊形烛台则映射着那个时代生活用品与自然元素的结合；而青釉球笼形熏炉，则在袅袅升起的香雾中描绘了一幅宁静祥和的生活画卷。

马镫的诞生

　　一组西晋时期的骑马陶俑静静诉说着古代骑乘技术的发展。这些陶俑出土于一位西晋县令的墓葬，共有 23 件仪仗俑，它们代表着跟随官员出行的队伍。其中的 7 件骑俑尤为引人注目，1 件正在吹奏乐器，其余 6 件手持方版。

　　值得一提的是，这些陶俑展现了西晋时期骑术的一个重大革新——马镫的使用。在古代，骑手们长期以来在骑马时无马镫可用，不仅上马费力，骑马时也须双腿紧夹马腹，极为不便。这组陶俑是中国使用马镫的最早实物证据。马镫的出现，标志着骑乘技术的一大飞跃。这一创新不仅使骑手能在更为放松的状态下控制马匹，提升了骑兵的灵活性，还使组建重装骑兵成为可能。

▼ 这些骑者在骑马时并没有把脚踩在马镫里，马镫也只在单侧出现。这是由于当时的马镫是用来辅助骑者上马的。

骑马陶俑
西晋
高 22 ～ 24 厘米
1958 年湖南省长沙市金盆岭出土

▲ 陶俑手中所持的方版用于向上级报告公务，上面一般简要写着要报告的公务内容。这些陶俑的身份是县官的掾（yuàn）属。仪仗人员数量越多，代表着官员身份越高。

此时无声胜有声一回

在古代中国，人们相信死后世界的存在，于是在墓中陪葬陶俑以便于死后有人陪伴和服侍。展厅中展出的彩绘弹琵琶陶俑和陶女乐俑两件文物，来自北朝的男子与女子各执乐器，仿佛在无声地演奏着那个时代的旋律，将千年前的音乐魅力延续至今。

音乐在古代中国社会中占据着重要的地位，它不仅是生活的调剂品，更是文化的传播者。这些乐俑的存在，不仅反映了古人对音乐的欣赏，也反映了当时社会的审美情趣和精神追求。当我们在博物馆中凝视这些古老的陶俑时，似乎能够感受到它们曾经的生机与活力，听见那个时代的阵阵乐音。

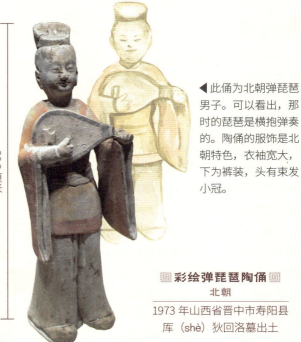

28.2 厘米

◀ 此俑为北朝弹琵琶男子。可以看出，那时的琵琶是横抱弹奏的。陶俑的服饰是北朝特色，衣袖宽大，下为裤装，头有束发小冠。

回 彩绘弹琵琶陶俑 回
北朝
1973 年山西省晋中市寿阳县库（shè）狄回洛墓出土

24 厘米

22.5 厘米

回 陶女乐俑 回
北朝
1953 年陕西省西安市草厂坡墓出土

◀ 这组陶俑描绘的是 3 位北朝女子，其中一人正把手放在嘴边高歌，另两人则在弹琴伴奏。她们梳着十字发髻，身穿交领上衣与长裙，仪态端庄。

摇曳生姿

1981 年，内蒙古自治区出土了两件珍贵的文物——马头鹿角形金步摇与牛头鹿角形金步摇。它们是北朝时期鲜卑族女子佩戴的头饰，显露出浓厚的草原文化特色。这个以马背为家的游牧民族，虽与汉族有着鲜明的文化差异，但相同的一点是，在他们的生活中，金银首饰与服饰等随身物品不仅是装饰，也是身份与地位的象征。

这两件金步摇共有的特色在于它们的造型和工艺。马头、牛头等动物头形的基座上面，伸展着鹿角形的枝杈，每枝尖端小环悬挂金叶，随佩戴者行走时轻盈的动作摇动。这种造型不仅展示了当时的精湛工艺，也反映了草原人民对动物的崇拜，充满自然的气息。

所谓"步摇"指的是一种深受历代女子喜爱的头饰，唐朝诗人白居易曾在《长恨歌》中写下"云鬓花颜金步摇"的诗句。这些步摇独特地让金玉垂挂于发间，佩戴者行走之际，饰品随步伐摇曳，故得其名。

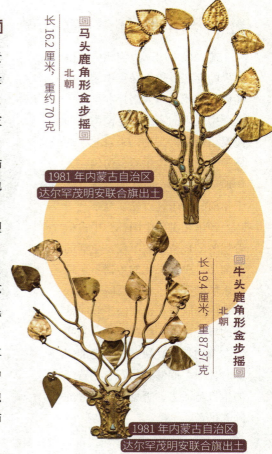

马头鹿角形金步摇 北朝
长 16.2 厘米；重约 70 克
1981 年内蒙古自治区达尔罕茂明安联合旗出土

牛头鹿角形金步摇 北朝
长 19.4 厘米；重 87.37 克
1981 年内蒙古自治区达尔罕茂明安联合旗出土

●从隶书到楷书的演变

元羽墓志所用的书体是楷书，但含有隶书的风格，体现出这段时期隶书到楷书的演变过程。隶书是汉朝时人们使用的正式书体，这种书体端庄大气，笔画末端带有装饰性的"波磔（zhé）"。东汉时期，民间出现了楷书的早期雏形。楷书在三国两晋南北朝时期正式形成。

民族交融的印迹

在波澜壮阔的南北朝时期，中国历史上出现了一次独特的民族文化融合。北魏孝文帝元宏的汉化改革，是这场融合的一个代表。中国国家博物馆收藏的北魏时期文物——元羽墓志，便是这段历史的见证者。

493 年，孝文帝——当时，他的名字还是拓跋（bá）宏，将首都从平城（今山西大同）向南迁移，迁到了文化繁荣的洛阳。他还鼓励鲜卑贵族学习汉文化、穿汉服、讲汉语，以此来减少民族间的隔阂。

　　元羽是孝文帝的弟弟，他不仅亲历了孝文帝的改革，而且还是重要的参与者。他支持改革，曾受命在平城一带维持秩序，缓和贵族们由于迁都所产生的不满情绪。

　　在孝文帝的汉化政策中，十分重要的一项就是令鲜卑贵族改姓汉姓。皇族身先士卒，把"拓跋"改姓为"元"。除此以外，鲜卑贵族的"步六孤"改为"陆"，"丘穆陵"改为"穆"，"独孤"改为"刘"。

　　墓志上以汉字的楷书镌刻了元羽的生平，它见证了一个时代的转变，一次文化的融合。每一道刻痕，都在诉说那个时代的故事，每一个字，都承载着历史的重量。

◎ 元羽墓志 ◎
北魏
长 55.2 厘米
宽 51.6 厘米
厚 16.4 厘米
河南省洛阳市出土

元羽河南人

▲ 这块墓志是南北朝时期民族融合的一个缩影。在墓志的第三行，我们可以看到"元羽河南人"的字样。元羽原名拓跋羽，按照孝文帝改革的规定，改姓为元，籍贯也改为河南。

　　三国两晋南北朝的三百余年间，是中国历史上朝代更迭最为频繁的一个时期，也是民族融合规模与程度超越以往时代的时期。各民族间的文化交流与融合，为隋唐两朝的统一多民族国家奠定了坚实的基础。

万国来朝
的盛世

"九天阊阖开宫殿，万国衣冠拜冕旒。"这句流传千载的诗句，描绘的正是万国来朝的盛世景象。隋唐五代时期的文物见证了恢宏的盛世万象，也见证着在统一与分裂中变迁的历史，让我们通过这些珠宝、陶俑、壁画等珍贵文物，回望千年前的盛世之美。

◎金银珠花头饰◎

隋

1957年陕西省西安市梁家庄隋李静训墓出土

掌上明珠

在中国国家博物馆的珍藏中，有3件（组）璀璨的饰品，它们不仅代表了隋朝的高超工艺，也是一段悲伤而深情的历史缩影。这3件（组）文物——一件金银珠花头饰、一条嵌珍珠宝石金项链和一对金手镯，都曾属于一个名为李静训的隋朝贵族女孩。

李静训身上融合着北周与隋朝前后两朝的皇族血脉，自幼被外祖母杨丽华养在隋朝的皇宫中，是杨丽华在深宫中的情感寄托。李静训还有一个可爱的小名叫作"李小孩"，足见长辈对她的宠爱和亲昵。这样一个从小享受着爱与尊宠的女孩，却在9岁时因病夭折。杨丽华伤心欲绝，为她修建了豪华的陵墓，并放入首饰、琉璃、玉器等各种精美的随葬品。可对于杨丽华来说，无论怎样贵重的宝物，都再也无法换回她最疼爱的外孙女的年轻生命。

◀这件金银珠花头饰制作工艺精湛，造型别致，表现了一只蛾子停在花丛之上的场景，既富有自然气息，又奢华而贵重。

隋唐五代时期（581—960）

在长达3个世纪的分裂与民族融合的历程后，581年，杨坚建立隋朝，开启了新的统一纪元。隋朝虽然仅存在38年，却为唐朝的政治制度留下了深刻的印记。618年，李渊建立唐朝，大唐盛世经历"贞观之治"与女皇武则天的统治，在"开元盛世"达到顶峰。然而，辉煌之后总有衰落，经历"安史之乱"的打击后，唐朝逐渐走向衰微，直至907年灭亡。

唐覆灭后，中原地区陷入了五代十国的纷争，先后出现了后梁、后唐、后晋、后汉、后周等5个王朝，以及南方的10个割据政权。

隋唐五代是中国历史的一个重要转折点，见证了从统一到分裂，从兴盛到更替的历史律动，对后世产生了深远的影响。

李静训

1957年，考古工作者在陕西省西安市梁家庄附近，意外发现了这座保存非常完整、规格极高的隋朝墓葬，让杨丽华对外孙女令人动容的爱重见天日。随葬品中，最为出名的便是这条嵌珍珠宝石金项链。

回 金手镯 回
隋
长径7厘米，短径5.5厘米
1957年陕西省西安市梁家庄隋李静训墓出土

▲ 这对精巧的手镯也属于李静训，每个分成四节，镶嵌各式宝石，设有开口和活轴，可以自由开合佩戴。

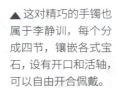

回 嵌珍珠宝石金项链 回
隋
长43厘米，重91.25克
1957年陕西省西安市梁家庄
隋李静训墓出土

▶ 整条项链红、蓝色宝石交相辉映，洁白的珍珠在纯金的烘托下格外鲜艳夺目，雍容华贵。最上方的青金石上，还雕刻有大角鹿图案，十分精美。

骆驼上的乐舞团

唐朝的都城长安，是一座繁华的大都市，也是东西方文化交流的枢纽。许多中亚、欧洲的艺人沿丝绸之路而来，会聚于此，带来了丰富多样的音乐和舞蹈。长安城中上演的百戏，如盘杯伎、吞剑伎等，不仅反映了当时娱乐形式的多样性，也是文化融合的生动体现。在这之中，还有一队由5个人组成的乐舞团，正乘着骆驼向我们走来，1人站立而舞，4人围坐在他身边奏乐——这就是中国国家博物馆所藏国宝三彩釉陶载乐骆驼描绘的场景。

这件陶俑的造型优美生动，釉色鲜明润泽，巧妙地夸张了人与骆驼的比例，展现了唐三彩的最高水平。它不仅是唐朝陶俑的杰出代表，更是当时文化多元性和艺术创新性的象征。通过这件作品，我们能够窥见当时长安百姓的生活面貌和文化风情，听到来自盛唐的回响。

4名乐师手中原本都有乐器，但现在只剩下了琵琶，据专家分析，其余3名乐师中，一人正在吹筚篥（bì lì），两人正在击鼓。

●盛唐的颜色——唐三彩

唐三彩是盛唐时期陶艺的巅峰，以其黄、绿、蓝、褐、白等多彩釉色著称，彰显了当时社会的繁荣与艺术成就。它起源于汉朝，兴盛于唐朝，尤其是在开元、天宝年间达到了生产高峰，以丰富的造型、绚丽的色彩、生动的形态而闻名。唐三彩中以人物俑和动物俑最为著名。人物俑表情丰富、姿态生动；动物俑如骏马、骆驼雕塑手法洗练明快，展现了唐朝雕塑艺术的高超水平。

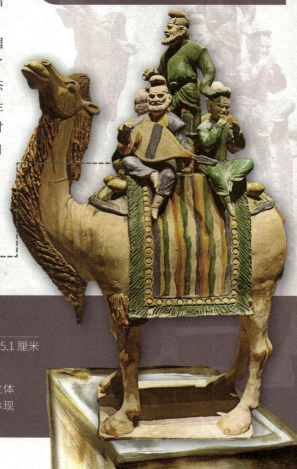

回 三彩釉陶载乐骆驼 回
唐

骆驼头高 58.4 厘米，首尾长 43.4 厘米，舞俑高 25.1 厘米
1957 年陕西省西安市鲜于庭诲墓出土

▶ 表演者中，既有满脸络腮胡、眉眼立体的胡人，也能见到面容清俊的汉人，体现出了各民族间的文化交流。

流香动舞巾

　　唐朝的舞蹈是时代文化繁荣的缩影。诗人白居易的诗句"流香动舞巾"中描绘了香气仿佛随舞姿一同流转的美好情景，表现出诗人眼中舞蹈的魅力。中国国家博物馆珍藏的一幅唐朝壁画——红衣舞女壁画，便是描绘舞蹈艺术的佳作。在这幅壁画中，一位舞女头梳高髻，身穿窄袖衫，下着红白间色长褶裙，手执披帛，舒展双臂，缓步起舞。这不仅是一幅美丽、和谐的画，更是唐朝舞蹈艺术的生动再现。

◨ **红衣舞女壁画** ◨　　高 115.5 厘米
　　唐　　　　　　　宽 69.5 厘米

◀ 画中舞女的面妆很有唐朝特色。舞女面部画在双眼外侧、太阳穴位置的图案被称为"斜红"，在当时非常流行，为面容增添了鲜艳的颜色，展现出唐朝女性自信的美。

1957 年陕西省西安市长安县（今长安区）郭杜镇执失奉节墓出土

　　唐朝宫廷燕乐包含了多种形式的舞蹈，这些舞蹈融合了中原乐舞和各民族以及外国的舞蹈元素，展示了唐文化的多元和开放。壁画中这类双手持披帛而舞的舞蹈名为"巾舞"，相传起源于汉朝。

　　值得一提的是，壁画中的舞女身姿纤细苗条，并非我们习惯性认为的唐朝"胖美人"。这是因为唐朝人的审美偏好随时间而变化，初唐时期的审美标准与盛唐时期相比，有着明显的差异，也展现出审美的丰富多样。这幅壁画中的舞女以其纤细的身姿和优雅的舞姿，展现了初唐时期的审美特色。

金书铁券

在很多民间故事里，都流传着"免死金牌"的传说——只要持有免死金牌，即便犯下死罪，也可以免除刑罚。这种凭证确有其物，它的正式名称为"丹书铁券"，象征着皇帝的信任与恩宠，用铁制成，上以丹砂书写文字，其起源可以追溯到西汉时期。到了隋唐时期则大多使用金色书写，实为"金书铁券"。

中国国家博物馆所藏的这件钱镠（liú）铁券，是现存唯一的唐朝铁券实物。这块铁券形如覆瓦，上嵌有金字诏书333字，详细记录了钱镠的爵衔、官职和功绩等。铁券上说明，可以免除钱镠本人的死罪9次，免除钱镠子孙后代的死罪3次。

钱镠铁券虽一角有损坏，但金色字迹依旧灿烂，昭示着当年的荣耀与权力。这件铁券不仅是对唐朝政治文化的见证，更是中国古代历史的珍贵遗产，对研究唐朝的历史政治具有重要价值。

钱镠

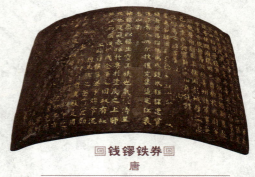

钱镠铁券
唐
长52厘米，宽29.8厘米，厚0.4厘米
钱氏后人捐赠

●传家宝的故事

自钱镠获得铁券以来，这枚铁券就开始在钱氏家族代代相传。北宋初年，它被最后一代吴越王钱俶带入宫中，供皇帝观赏。元朝时，铁券一度下落不明，直至被一渔人捞起，钱氏后人又从渔人手中购回。明清时，多位皇帝都曾向钱氏后人索观这件传世之宝。抗日战争期间，钱氏后人把铁券深藏于井中，直到中华人民共和国成立后将其捐献给了国家，收入博物馆。

古桥的石栏板

"河北省赵县的洨（xiáo）河上，有一座世界闻名的石拱桥，叫安济桥，又叫赵州桥。"桥梁专家茅以升在《中国石拱桥》中描述了这座桥跨越千年的历史与非凡工艺。始建于隋朝的赵州桥，由匠师李春设计。历经一千多年的风雨侵蚀、地震震荡，赵州桥依然坚固地屹立，是世界上现存最古老的敞肩式石拱桥。

中国国家博物馆珍藏的安济桥石栏

板曾是这座古桥上的构件，其上雕刻有双龙图案，龙身蜿蜒曲折，展现了隋朝雕刻艺术的精妙。栏板上的一面双龙相对，前爪互推，另一面则两龙交缠，逆向而行。陈旧的石栏板仿佛在诉说千年前的造桥传奇。

现在的赵州桥

◙ 安济桥石栏板 ◙
隋
1952 年河北省石家庄市赵县安济桥址出土

84.5 厘米

212 厘米

如玉的白瓷枕

在中国古代，枕头不仅是寝具，更是文化的缩影。从最初的天然石块到竹、木、玉、铜等各种材质，枕头的演变也映射了时代的变迁和工艺的发展。自隋朝起，瓷枕以其独特的艺术魅力和实用价值，成为一个时代的标志。中国国家博物馆收藏的这件五代十国时期的白瓷枕，正是该时期工艺美术的杰出代表。

这件白瓷枕釉色白中泛黄，质地柔润，呈长方体，枕面中间微凹，两端轻轻翘起，显得高贵而典雅。枕面上精心划刻的牡丹纹，四周的长方形开光设计，更为它增添了几分精致，使得整个枕头既美观又实用。

17.8 厘米
12.5 厘米
10.4 厘米

◙ 白瓷枕 ◙
五代十国
1956 年江苏省连云港市玉带河王氏墓出土

隋唐五代的长河中，流淌着中国古代文化与工艺的丰富精粹。在这个时期，从统一的隋朝到繁荣的唐朝，再至五代十国的动荡，我们见证了时代的兴衰更迭以及在此过程中所孕育的无数珍贵文物。这些历史瑰宝，如今在中国国家博物馆的展厅中熠熠生辉，静静地释放着古老而迷人的风采……

多元一体的文明进程

历史的车轮滚滚向前，辽、宋、夏、金、元这些由不同民族建立的朝代，每一个都在中国的历史画卷上留下了重要的笔墨，讲述着中华文明的多元融合与文化共生。这一时期，农业与手工业蓬勃发展，商品经济焕发活力，城市生活日益繁荣多彩，文化、科技、艺术等各个领域硕果累累，成就斐然。

宋朝名窑的瓷器

宋朝制瓷业的"五大名窑"——定窑、哥窑、汝窑、官窑和钧窑，不仅是中国陶瓷史上的璀璨明珠，更是中国古代文化和审美的重要标志。在中国国家博物馆中，我们可以一览宋朝五大名窑的风采，这些珍贵的瓷器见证了中国古代瓷器制作的巅峰。

定窑位于今河北保定的曲阳，这里古属定州，历史上以制瓷著称。哥窑位于今浙江龙泉，那里出产的瓷器独树一帜，深受当时人们的喜爱。汝窑位于今河南宝丰，因这个城市在宋朝属于汝州而得名，所产瓷器被北宋宫廷珍视，传世品极为稀少。官窑有北宋、南宋之分，北宋窑址尚未发掘，南宋时在今浙江杭州。钧窑位于河南禹州，因宋代属钧州而得名。

● 辽宋夏金元时期（916—1368）

辽、宋、夏、金、元，是中国历史上多民族交融与多政权并存的时期。辽朝由契丹人建立，是北方的强大政权，政治和文化成就显著。宋朝由汉族建立，继承唐朝文化鼎盛的传统，尤其在科技、哲学、文学和艺术方面取得显著成就，市场经济和城市发展达到高峰。西夏是党项人建立的国家，虽然存在时间较短，却在宗教艺术和文字创制上有所贡献。金朝由女真人建立，曾一度建立起强大的军事和政治体系。元朝是成吉思汗之孙忽必烈建立、由蒙古人统治的朝代，疆域面积广阔。

汝窑瓷器以其独特的天青色釉著称，釉色温润如玉，浓淡不一。汝窑瓷器通常造型简洁，注重整体美感，釉面光滑，常有微妙的开片，呈现出鱼鳞状或冰裂纹。

汝窑瓷洗
宋

定窑以精美的白瓷著称，其艺术特色在于白釉的纯净和透明感，表面经常呈现出精细的划花或刻花纹饰，细腻且优雅。其釉色白如象牙，质地细腻，光洁如玉，给人以温润之感。

定窑瓷器

定窑白釉划花龙纹盘
宋

汝窑瓷器

哥窑瓷器的最大特色是其釉面的"开片"现象，即釉面上的自然裂纹，被称为"金丝铁线"。釉色多为灰青色，与黑色裂纹交织成独特的图案，具有非凡的艺术魅力。

哥窑五方倭角洗
宋

官窑瓷器以其精湛的工艺和优雅的造型闻名，其艺术特色体现在釉色的均匀和光泽感上。官窑瓷器釉色通常为淡雅的青绿色，表面光滑如镜，造型端庄而不失精致。

官窑青釉贯耳瓷瓶
宋

哥窑瓷器

钧窑瓷器以其厚重的釉色和流动的釉纹而闻名。钧窑瓷器的釉色多变，从玫瑰紫到天蓝色都有，釉面上常常可见自然流动的釉纹，形成别具一格的装饰效果。

官窑瓷器

钧窑瓷器

钧窑玫瑰紫釉花盆
宋

8.4 厘米

青花云龙纹玉壶春瓷瓶

元

29.8 厘米

9.9 厘米

遇见青花瓷

青花瓷，是我们听到"瓷器"一词时轻易就能联想到的一个中国文化的符号。这种瓷器于唐朝初创，在元朝成熟。青花瓷采用了釉下彩技术，这一技术使得青花瓷在色彩和装饰上与单色釉瓷器截然不同，展现出丰富多彩的艺术风格。虽然当时的人们认为青花瓷颜色有些过于艳丽，不如宋朝五大名窑的瓷器雅致，但它们很快就成为远销海外的"明星产品"。青花瓷的出现标志着中国瓷器艺术的一个新纪元，不仅展示了文化的多元性和开放性，还是中外文化交流的见证。

中国国家博物馆珍藏的这件青花云龙纹玉壶春瓷瓶，是元朝青花瓷中的佳作。"玉壶春瓶"所指的并不只是这一件器物，而是一种器型，它的外形特点是瓶口外展，束颈，瓶腹低垂，颈腹间过渡自然，圈足略向外撇，展现了瓷器的稳重与优雅。这件瓷瓶的釉色清澈莹润，云龙图案以简洁奔放的笔法绘制，反映了当时青花瓷的审美特点。

屋顶上的龙子

在中国古代建筑的屋顶上，有一群神秘的"守护者"，它们是来自古老传说中的各种神兽。其中，位于屋顶正脊两侧的神兽名为"鸱（chī）吻"，它张着大嘴，犹如一条威武的龙附于鱼身。

鸱吻始于汉朝，原本多为展翅的凤鸟之形，后演变为鱼身，随着岁月的流转，它的形象也丰富起来。在南北朝至隋唐时期，鸱吻受印度"摩羯"鱼形象影响变为月牙形状，唐朝鸱吻的吻部一般更加突出，就仿佛神兽张开大口，咬住屋脊，鸱吻是中国传统建筑上不可或缺的装饰元素。

中国国家博物馆中的这件绿釉鸱吻，是对这一传统的绝佳诠释。它来自古代西夏王朝的西夏陵，是那个时代工艺美学的见证。这件鸱吻为龙首鱼身，分体烧制而成，整体施以明亮的绿釉，使得鳞纹细腻生动，仿佛一只活生生的动物在屋脊上静候。

绿釉鸱吻所展现的不仅仅是一种形态，还讲述着古代中国建筑艺术的故事，是那个时代匠人精湛工艺和创造力的见证。今天，这件珍贵的绿釉鸱吻在中国国家博物馆展出，让每一位参观者都能感受它的历史韵味和艺术价值。

西夏陵

▲ 位于宁夏回族自治区银川市以西约 30 千米，贺兰山东麓约 53 平方千米的陵区内，地势西高东低，平坦开阔，海拔在 1130 ～ 1200 米之间。这里分布着 9 座帝陵，200 余座陪葬墓，是中国现存规模最大、地面遗址最完整的帝王陵园之一，被誉为"东方的金字塔"。

◎ 绿釉鸱吻 ◎
西夏
1974 年宁夏回族自治区银川市
西夏陵西碑亭遗址出土

92 厘米

152 厘米

32 厘米

浩浩荡荡的皇帝车驾

在国博的元朝藏品中，有一幅令人叹为观止的画卷——《大驾卤簿图书》卷。这是一幅绢本设色的巨制，记录了元朝皇帝出行时的盛况。画名中的"卤簿"这一概念，早在汉朝便已出现；在宋朝，卤簿根据皇帝出行的重要性，分为大驾、法驾、小驾与黄麾仗等不同等级。而《大驾卤簿图书》卷描绘的便是这其中最为重要的一类——大驾卤簿，通常用于最为隆重的国家仪式。

画中描绘的是一场浩浩荡荡的皇帝出巡，作者是曾巽（xùn）申。画卷中绘有 5481 个人物，61 乘车辇，2873 匹马，36 头牛、6 只象，以及众多的乐器和兵仗。

《大驾卤簿图书》卷
元
纵 51.4 厘米，横 1481 厘米

画卷顶部的白色纸条中写满小字，分段记载官兵品制、名数等，对于看画者来说是很好的注解。

每一个人物、每一件物品，都被画家以精湛的工笔技法细致入微地描绘出来，表现了当时的舆服、仪卫、兵器和乐器等丰富的细节。

《大驾卤簿图书》卷反映了当时的仪式规范，不仅是艺术上的杰作，更是历史研究的宝贵资料。当我们在这幅画卷前驻足，就仿佛回到了那个皇帝出巡的现场，见证着车驾的浩浩荡荡。

千年活字

众所周知，北宋的毕昇发明了活字印刷术，他以胶泥为原材料，烧制字模。这种技术是一种巨大的创新，影响十分广泛。但遗憾的是，无论是毕昇所用的胶泥字模还是当时的活字印刷品，都没能流传下来。

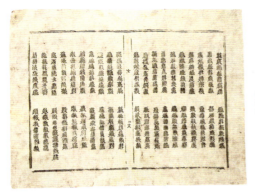

西夏文《吉祥遍至口和本续》是现存最早的木活字印刷品，它的诞生时间距离毕昇发明活字印刷术的时间不过一百余年，而在这段时间里，这项技术就已经流传到西夏。虽然活字印刷术没有取代雕版印刷的地位，但仍然是一项意义非凡的科技创新。

古老的针灸教具

针灸，这一源于中国古代的独特医疗方法，在中国传承千年。在针灸治疗中，医者在人体特定穴位上施以针刺或灸法，即用针或火的温热刺激，达到治疗之效。珍藏于中国国家博物馆中的这件明仿宋针灸铜人正是针灸的历史见证。

北宋天圣年间（1023—1032），太医王惟一奉宋仁宗之命铸造了两件针灸铜人。这些铜人的大小与真人相仿，其中空的躯干上精准铸有经络路径和穴位标记，每个穴位的位置上都精细地钻有微小孔洞。其用意在于考验医学生们的针刺技巧：在铜人的表面涂上黄蜡，并在内部灌满水，医学生若能准确刺中穴位，就能见到水从孔中流出。

但这件铜人并不是宋朝的原件，而是明朝的仿品。相传，当年的针灸铜人一件毁于战火，一件在多年的使用中逐渐磨损。元、明、清几朝曾多次仿制针灸铜人，这说明宋朝人的智慧在后世还依然被习练针灸的医者青睐。

213 厘米

或雅致，或绚丽的瓷器，传递着古人的审美；长卷图画与绿釉鸱吻，映射了皇室的威仪；针灸铜人与活字印刷品，散发着千百年前的科技之光……它们不仅讲述了多民族交融的故事，更昭示着文化的蓬勃发展和传承。

封建王朝的最后辉煌

来到古代中国历史之河的下游，我们将见证封建王朝最后的璀璨辉煌，同时，也是"古代中国"展的最后一个篇章，它以朱元璋在南京称帝作为起点，到溥仪作为最后一个帝王退位为结束，勾勒出 500 余年的历史画卷。

● 明清时期（1368—1911）

明朝的故事始于朱元璋，他是一个从贫苦农民成长为一国之君的传奇。明初，郑和下西洋展示了当时中国的航海技术和对外开放的姿态。此外，明朝在社会生活和价值观念上发生了显著变化，崇尚奢华与个性成为流行趋势。

清朝由满族建立，是中国历史上最后一个王朝。清朝时期的北京、江南地区等成为商业中心，各地间的联系加强，各民族的相互交流日益频繁。然而在对外交往方面，清朝禁海闭关政策严格，面对西方工业革命的冲击，清朝未能及时调整，最终走向了衰落。

宫廷里的元宵节

在《宪宗元宵行乐图》卷中，我们得以一窥明宪宗朱见深在宫廷中庆祝元宵节的盛况。这幅画描绘了从日出至夜晚，皇帝身着华丽的节日盛装，观赏着各式庆典活动的景象。

明宪宗是一位生活奢靡、追求新奇享乐的君主。他对艺术有着独特的偏爱，尤其钟爱绘画，经常让画师描绘他的生活场景。《宪宗元宵行乐图》卷或许也是在他的监督下由宫廷画师创作出来的。画面上，宫廷院落雄伟壮丽，各种人物的表情和动作都被细致地描绘出来，体现了明朝民俗画的独特魅力。

《宪宗元宵行乐图》卷
明
纵 37 厘米，横 624 厘米

有的宫人装扮成市井中提着担子叫卖的商贩，让宫里的人们也能体会到民间集市的热闹。

母仪天下

这件华光璀璨的孝端皇后凤冠，可谓是中国国家博物馆里的明星展品之一。它是1957年在北京明定陵地宫中发现的，与万历皇帝和孝靖皇后的遗物一同出土。凤冠主体由漆竹制成的帽胎和丝帛面料组成，其上有精美的"九龙九凤"。冠上的9条金龙和9只金凤，均嵌饰着大量璀璨的珠宝，9条金龙口衔珠滴，珠滴随步摇晃，增添动态之美。冠檐底部饰有翠口圈，

孝端皇后

孝端皇后凤冠
明

通高48.5厘米，冠高27厘米
径23.7厘米，重2320克

凤冠顶部有9条口衔珠滴的金龙。

后方下垂的"小尾巴"名为"博鬓"。

金龙之下是9只点翠凤凰，凤首朝下。

嵌有宝石和珠花。凤冠运用了花丝、点翠、镶嵌、穿系等多种精巧工艺。孝端皇后的这顶凤冠不仅是皇室权力和地位的象征，也体现出明朝金属制作和丝织工艺方面无与伦比的技艺。

凤冠是皇后的礼帽，主要用于册立、祭祀等重要场合。

明宪宗穿着不同的盛装，出现在画中的多处。他的表情安详愉悦，欣赏着宫中元宵节的各种活动。

一群穿着鲜艳衣衫的人们正在点燃各式烟花爆竹，其中有个蓝衣孩子捂住了耳朵。

皇宫被云雾包裹，如同仙境。

人们聚在一起看杂耍百戏。

酒楼前热闹非常，

画面上方，游船往来不息。

《南都繁会图》卷
明
纵 44 厘米，横 350 厘米

▲ 从右至左，画面上展现了一幅由郊区的农村田舍，渐进至繁华都市的迷人场景。这是一幅充满活力的城市风景，街道纵横交错，店铺门前的标牌和广告琳琅满目。在这幅画卷中共有上千个各行各业的人物，以及 109 家店铺生动的招幌牌匾，它们共同构成了一幅多彩丰富的社会群像。

两城盛景

在中国国家博物馆中，珍藏着两幅明朝古画——《南都繁会图》卷和《北京宫城图》，让我们得以窥见南京、北京两座古城在明朝时的风貌。

明太祖朱元璋刚刚建立明朝时，首都是今天的南京，直到明成祖朱棣登基后，首都才迁到北京。南京虽失去首都地位，但仍然是明朝重要的政治、经济和文化中心。这里发达的丝棉纺织业和便利的水陆交通，使其成为一个商业繁荣的大都市。

《南都繁会图》卷中的"南都"指的正是南京。画面上，从宁静而安详的远郊田舍，逐渐过渡到市井的喧闹。街道上商贩叫卖，人群熙熙攘攘，戏台前的观众如潮水般聚集，每一笔都仿佛在诉说南京这座古都的千年故事。历史在这里，不是沉默的文字，而是生动的画面，让我们穿越时空的界限，感受那个时代的韵律。

把目光转向《北京宫城图》，这幅画卷则展现了明初的北京城。它以俯瞰的视角，将众多北京重要地标囊括于一图之中，包括北京城墙、正阳门等。最引人注目的是承天门及其周边建筑，如金水桥、华表和石狮。在威严而美丽的建筑间，还缭绕着层层云雾，让画中的紫禁城如同神话中的琼楼玉宇，洋溢着画家浪漫的想象力。

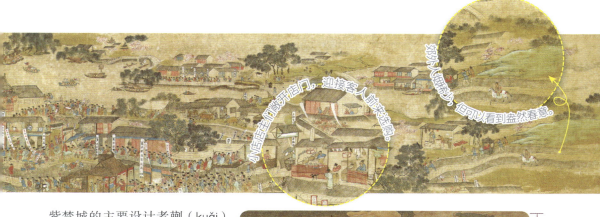

小店店主们敞开店门，迎接客人前来选购。

郊外人烟稀疏，但可以看到盎然春意。

紫禁城的主要设计者蒯（kuǎi）祥在画中以一位红袍官人的形象出现，他静立在紫禁城旁边，似乎在默默守望着自己的杰作。如今，我们漫步在故宫的宫殿与廊柱之间时，仍能感受到历史的厚重与岁月的流转。

两幅画卷不只展示了几百年前的明朝南京和北京的城市风貌，更是文化与历史的写照。在这些细腻的描绘中，我们不仅见证了一个时代的辉煌，也感受到历史的深远影响，思考着过去与现在的关系。

▶ 蒯祥是明朝著名工匠，曾参加或主持过多项宫殿、皇陵、皇家园林的建设工程，被明宪宗赞为"蒯鲁班"。他于景泰七年（1456）升任工部左侍郎，是历史上颇为罕见的以工匠出身而居高位的人。

玄武门（今神武门）

奉天门（今太和门）

午门

端门

承天门（今天安门）

大明门（今已不存）

丽正门（今正阳门）

163 厘米

97 厘米

🔲 北京宫城图 🔲
明

55

雕漆之美

这件长方形的漆盒是古代工匠使用"剔红"技艺精心打造而成的。剔红，这一古老而高雅的雕漆工艺，需要工匠先在器物表面反复涂抹数十层乃至上百层的红漆，待其干透后，再在这厚实的漆层上雕刻出栩栩如生的浮雕。漆盒表面的花鸟图案色泽鲜红，呼之欲出，每一个细节都处理得细致入微，尽显明朝雕漆工艺的高超。

在明永乐至宣德年间，雕漆技艺经历了前所未有的发展。这件剔红花鸟纹长方盒，不仅是日常生活中的实用器物，更是一件兼具观赏价值的艺术珍品。它的独特工艺和绚丽纹饰，使其在众多漆器之中脱颖而出，成为明朝漆器中的一颗璀璨明珠。

11.2 厘米
36.7 厘米
22 厘米

◨ 剔红花鸟纹长方盒 ◨
明

皇帝之宝

在中国国家博物馆展台灯光的照射下，一方青绿色的玉印莹润生辉，这便是代表了清朝皇权的"皇帝之宝"玉印。

玉印呈方形，其上雕刻着盘踞的龙形印纽，龙身蜿蜒盘旋，彰显着皇家的尊严与权力。印文采用阳刻技法，刻有满文和汉文的"皇帝之宝"字样，其中汉文的字体是古朴的篆书，每一笔都透露着严谨和庄重。这种满汉文合璧的设计，体现出清朝皇族的文化背景。清朝由女真人的后裔——满族建立，发祥于东北的建州女真人经过几代的演变与统一，最终在努尔哈赤的领导下建立了后金政权，继而发展成为雄扬一时的清朝。

这枚印章被视为皇帝权力的直接体现，是皇帝颁发诏书时使用的印章。在清朝，这枚玉印被称为"御宝"，原本存放于紫禁城后三宫中的交泰殿，由尚宝司这一专门的机构负责管理。据史料记载，乾隆十一年（1746）时，交泰殿内共收藏了 25 方类似的玉印。

满文　汉文

通高 16.1 厘米，纽高 9.8 厘米

◨『皇帝之宝』玉印 ◨
清

16.1 厘米

海晏河清的心愿

在明清时期展区的众多珍贵的瓷器中，我们的目光很难不被这件如海水一般深蓝澄澈的瓷尊吸引。它就是乾隆时期的霁青釉金彩海晏河清尊。

"海晏河清"，这个古老的成语源自唐朝郑锡的《日中有王字赋》，意指黄河水流澄清，大海风平浪静，象征着国泰民安，天下太平。乾隆霁青釉金彩海晏河清尊，正是这一愿景的物化表达。瓷尊肩颈间雕贴有一对白色的展翅剪尾燕子，生动活泼。"燕"字与"晏"谐音，器身澄澈得仿佛没有一丝杂质的霁青色则代表着"河清"。

雪白的燕子与蓝底形成鲜明对比，造型生动细腻，每一根羽毛都清晰可见。

燕子

25.1 厘米

31.3 厘米

芭蕉纹

缠枝花纹

荷花纹

联珠纹

霁青釉金彩海晏河清尊

清

圆明园海晏堂遗址

这件瓷尊由景德镇御窑精心制作，在圆明园的海晏堂陈设。然而不幸的是，1860 年英法联军与 1900 年八国联军对圆明园的破坏，使承载着"海晏河清"之愿的瓷尊，成为战火与抢掠的见证者。如今我们已经无法见到海晏堂的原样，仅存的这件文物显得弥足珍贵。

从 1368 年朱元璋登基称帝、建立明朝开始，到 1911 年溥仪退位、清朝落幕结束，这段时期是中国封建社会的最后辉煌，中央集权在此时达到了顶峰。然而，这背后的矛盾也逐渐显现，传统农业文明与时代变革的挑战交织，一段悠久历史即将谢幕，新的篇章已经悄然开启。

国宝归来路

在百年前的烽火与硝烟中，一些国宝流落海外，几度辗转。如今祖国日渐强大，我们终于能够把它们一一接回，让它们重回故乡。请听这些国宝讲述它们的归家旅途。

虎鎣

中国国家博物馆 藏

西周

漂泊 158 年，终归故土

1860 年	英法联军洗劫圆明园，虎鎣（yíng）被一名英国海军军官带回英国。
2018 年 3 月	虎鎣即将在英国拍卖的消息引发国内外舆论关注。
2018 年 4 月	虎鎣境外买家表示，愿将文物无条件捐赠给中国国家文物局。
2018 年 9 月	国家文物局在中国驻英国使馆举办虎鎣捐赠接收仪式。
2018 年 12 月	虎鎣正式回归，入藏中国国家博物馆。

彩绘浮雕武士石刻

中国国家博物馆 藏

五代十国

首次成功叫停国际流失文物商业拍卖

武士身着盔甲，手持宝剑，立于牛形怪兽之上，这幅画面在长方形的汉白玉上雕刻而成。雕塑艺术风格上承唐朝余韵，下开宋元先河，具有强烈的艺术感染力。

1994 年 5 月	河北省曲阳县的王处直墓遭到盗掘，被盗文物流失海内外。
2000 年 2 月	河北省文物局收到报告，古墓中被盗的一件文物将在美国拍卖，疑似彩绘浮雕武士石刻。
2000 年 3 月	国家文物局要求美方中止拍卖，返还流失文物。
2001 年 3 月	经过一年的审理，美国地方法院做出返还文物的最终裁决。
2001 年 5 月	彩绘浮雕武士石刻回归中国，藏于中国国家博物馆。

《五牛图》卷 唐 故宫博物院藏

"不惜代价，抢救国宝"

由唐朝画家韩滉（huàng）所绘，是目前所见最早作于纸上的绘画。

- **1952年** 收到匿名消息，称失传已久的《五牛图》将在香港拍卖行拍卖。
- **1952年** 香港文物收购小组秘密运作，成功抢先一步购得文物。
- **1952年** 文物收购小组迅速将《五牛图》送往北京，入藏故宫博物院。
- **1977年** 故宫文物修复专家历时8个月，将《五牛图》修复完好。

『皿而全』铜方罍 商 湖南博物院藏

- **1919年** 皿方罍（léi）在湖南省桃源县出土，后来器身不幸流落海外。
- **1952年** 器盖收归国有，并于1956年移交至湖南博物院（当时名为湖南省博物馆）。
- **20世纪 90年代** 收藏器身的日本藏家与博物馆联系，希望身盖合璧，但未达成共识。
- **2014年 3月** 器身现身国际拍卖市场，经过洽谈，拍卖被取消，器身得以回归。
- **2014年 6月** 皿方罍终于身盖合璧，入藏湖南博物院。

器身与器盖的久别重逢

中国晚商青铜器代表之作，堪称"方罍之王"。分为身、盖两部分，各有铭文，整体造型风格来自商朝宫殿，集浮雕、线雕等多种手法于一身。

第二章

其他展览

饮食

服饰

在此，我们将踏上一场包罗万象的文化之旅。
"复兴之路"用文物与图片，追溯宝贵的历史记忆。玉器以其温润如玉的光泽，静静地展现着古人的审美情趣；而瓷器上的精细花纹，编织出一幅幅展现繁华世界的绚烂画卷。漫步于饮食文化主题的陈列中，我们得以了解华夏民族的性格与生活哲学；斑斓的色彩与形态万千的服饰设计，生动地映射了历史的演进与社会风貌的变迁；更不可忽视的是科技展中，古代智慧的火花与现代科技的光辉交相辉映……让我们一同走入这些别具匠心的展览，深入探索中华文明的瑰丽万象。

复兴之路

科技

玉器

瓷器

复兴之路

在国博的北 5—北 7、北 12—北 15 展厅中，设有基本陈列"复兴之路"。这一大规模的展览最初于 2007 年在中国人民革命军事博物馆首展，后在中国国家博物馆复展。展览通过文物和图片讲述 1840 年以来的中国历史。

文书见证历史

展览中展出的两件晚清时期的文书——一封奏折，一道诏书，是两个重要历史事件的宝贵见证。

10 厘米

21.7 厘米

林则徐

林则徐、邓廷桢等合奏虎门销烟完竣折
1839 年

▲ 这份奏折原本为清宫档案，清亡后由章士钊收藏，后来赠送给中国国家博物馆。

"虎门销烟完竣折"见证了林则徐虎门销烟这一历史事件。1839 年 6 月的虎门海滩，林则徐亲自监督销毁了收缴的鸦片。同年 7 月 5 日，林则徐等人上奏道光帝，详细报告了销烟的过程。道光帝在奏折上朱批"可称大快人心一事"，表达了对这一行动的高度认可。

清宣统皇帝溥仪退位诏书
1912 年
纵 21.5 厘米，横 52 厘米

宣统皇帝的退位诏书则见证了封建帝制的落幕。1912 年 2 月 12 日，宣统皇帝爱新觉罗·溥仪颁布了这道退位诏书，中国两千多年的封建帝制宣告结束。

复兴之路·新时代部分

"复兴之路·新时代部分"是国博的另一基本陈列，于 2018 年 7 月在南 5 展厅、南 11 展厅开展。展览共分为 10 个单元，全面展示了 2012 年以来党和国家各项事业取得的辉煌成就。

红军不怕远征难

　　展厅中展出的这段锈迹斑斑的铁锁链，来自长征途中大渡河上的泸定桥。

　　1935 年 5 月，泸定桥上展开了一场生死搏斗。中央红军为突破大渡河的天险，决定奋力夺取横跨大渡河的泸定桥。这座桥是通往四川西北部的关键通道，桥长超过 100 米，两侧是陡峭的峭壁。为阻止红军过桥，国民党军甚至撤去了桥面的木板，只留下 13 条光滑的铁锁链。红军将士们在敌人猛烈的炮火下，攀踏着悬空的铁锁链冲锋陷阵，成功攻占了泸定桥，也为中央红军北上开辟了道路。

◎ **红军强夺泸定桥时桥上的铁锁链** ◎
1935 年

◎ 许海峰获得的奥运会金牌 ◎
1984 年

手持月桂花环的胜利女神。

古代体育场的图样。

◎ 神舟五号载人飞船航天员杨利伟穿的舱内航天服 ◎
2003 年

◎ **神舟五号载人飞船返回舱** ◎
2003 年

宝贵的奥运金牌

　　20 世纪，中国曾长时间在国际体育赛事中缺席。直到 1984 年 7 月 29 日，第 23 届奥运会开幕首日，中国射击运动员许海峰在男子自选手枪慢射比赛中以 566 环的成绩夺得冠军，为中国赢得了奥运金牌榜上的首枚金牌，实现了历史性的突破。

太空征途

　　2003 年 10 月 15 日，神舟五号载人飞船成功发射。航天英雄杨利伟乘飞船绕地球飞行 21 小时后，于 10 月 16 日凯旋。"复兴之路"中展出了与此相关的两件展品。

　　"复兴之路"基本陈列通过这些珍贵的文物，带领参观者回溯了中国百年来的发展历程，感受历史的波澜壮阔。

中国古代服饰文化

自 2021 年 6 月起，中国古代服饰文化展在中国国家博物馆的北 18 展厅开展。展览按历史时期分为 6 个部分，展出约 130 件文物，辅以图片、多媒体设施等，为我们呈现一场从远古至清朝的服饰盛宴，仿佛搭建了一部立体的古代服饰简史。

历代服饰的变迁

在展厅中央，陈列着一组"历代服饰复原人像"。展柜内外，以与真人大小相等的蜡像形式，展示出了汉至清 6 个时期的服饰特点。

汉朝的服装多为上衣与下裳分裁后拼合的袍服，根据下摆的不同有直裾与曲裾之分。

唐朝女子服装随时代潮流而变化，男装采用颜色来区分等级。

宋朝上层人物多穿着齐整的袍衫，民间的普通服装也更多地使用复杂的色彩。

元朝蒙古族官员戴幞笠，蒙古族男性常常会梳着具有民族特色的发辫。

明朝服饰以汉族传统服装为主体，统治者曾力图消除服饰上元朝风格的影响。

清朝按照满族习俗统一男子服饰，废除了传统的冠冕制度。

新石器时代的发梳

8 厘米

16.2 厘米

6.1 厘米

在这个展览中，我们要了解的第一件文物，并非某件服装或饰品，而是这件新石器时代的象牙梳，它出土于大汶口文化的墓葬，是迄今为止原始社会保存最为完好的梳子。

梳子近似长方形，由象牙精工制成，上端钻有 3 个圆孔和精细的沟槽，其主体部分精心镂雕，呈现出由 3 行条孔组成的"8"字旋纹图案，内填"T"形花纹，展现了那一时期高超的镂雕技艺。梳子下端的 17 个梳齿细密而整齐，显示出其实用性与装饰性的完美结合。

从已出土的此类文物来看，新石器时代的人们已经开始重视梳理头发，并可能形成了独特的发饰文化。这把发梳是一件随葬品，可能属于当时社会地位较高的人。

环佩叮当

在国博的服饰专题展中，战国时期的组玉佩以其独特的魅力和历史价值吸引着观众的目光。这件组玉佩由玛瑙环、玉璧、玉夔龙、绿松石、水晶珠组合而成。特别引人注目的是位于组玉佩底部的那件玉夔龙，它以回首曲身的姿态展现着战国早期工艺的精湛与纹饰的精美，蟠虺（huǐ）纹隐现于表面，采用"减地浅浮雕"技法精工雕刻，体现了战国玉器的造型和纹饰之美。

组玉佩，又称杂佩，在西周时期开始流行。《礼记·玉藻》记载："古之君子必佩玉……进则揖之，退则扬之，然后玉锵鸣也。"这句话的大概意思是说，古代的君子佩戴玉饰，随着进退行止，玉佩也会铿锵作响。在屈原的《离骚》中，也有"长余佩之陆离"的诗句，说的很可能就是类似这件文物的组佩。

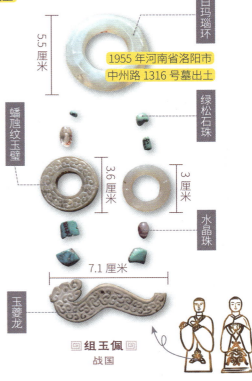

白玛瑙环

5.5 厘米

绿松石珠

蟠虺纹玉璧

3.6 厘米

3 厘米

水晶珠

7.1 厘米

玉夔龙

回 **组玉佩** 回
战国

霞帔上的华丽点缀

我们有时会听到"凤冠霞帔"这个词，凤冠的风姿已在"古代中国"展中领略，那么霞帔又是什么呢？其实，霞帔是中国古代妇女礼服的重要组成部分，自唐朝的"帔"演变而来，在宋明时期成为贵妇的命服。它是一条形状宛如"V"形的彩色挂带，绕过脖颈，披挂胸前。而金玉等材质制成的霞帔坠子，则是其不可或缺的部件，它不仅造型精美，更有帮助霞帔更好地平展下垂的功能。

国博收藏的这件明朝凤纹金霞帔坠子，两面透雕着精美的翟纹，典雅而富有层次感，顶部尖端设有挂钩，便于悬挂。其上刻有"银作局嘉靖二十六年八月造金一两九钱"的字样。

凤纹金霞帔坠子

明

重 71.8 克

1958 年江西省抚州市南城县
益庄王墓出土

7.5 厘米

16.5 厘米

孝亲曹国长公主像

◀ 曹国长公主名朱佛女，是明太祖朱元璋的二姐。在画中，她着凤冠霞帔。

▼ 外衣背后设有三角形"兜子"，用以收纳霞帔的末端。

发髻上的华美楼阁

在中国古代的华丽世界中，女子美丽的发饰不仅仅是装饰，也是身份和文化的象征。益庄王墓中出土的一组楼阁人物金簪，是这一传统的璀璨篇章。明朝女子流行在头顶的发髻外戴黑纱等材质的䯼（dí）髻，再插戴上各式金簪。䯼髻上的金簪往往成套出现，分为分心、顶簪、掩鬓等不同的部件，合称为"头面"。这组楼阁人物金簪，便是明朝女子佩戴在䯼髻上的发饰。

这套金簪令人叹为观止，正因其巧夺天工的设计——每一件金簪都被制成了建筑的形状，重檐楼阁间还雕刻着神态各异的人物，将丰富的场景都浓缩于一套精美的头饰之中。它们不仅展现了古代金饰的精湛工艺，更承载着深厚的历史和文化底蕴。

清朝旗人女性的发型

进入清朝，服饰风格发生了很大改变，旗人女性的发型展现出独特的时代特色。清朝旗人女性梳旗头时，将真发平分为两把，在头顶绾成平髻，再用扁方别住，这样的旗头称为"两把头"或"一字头"，光绪晚期出现了一种硬质扇面形假髻，可以固定在头顶，被称为"大拉翅"。

分心

分心近似山形，它通常被插在发髻正面或背面的正中。

高 5.1 厘米
宽 9.8 厘米
重 91 克

顶簪

顶簪通常插于发髻顶端，其设计大气而精美。

高 20 厘米
重 118.9 克

高 8.5 厘米
宽 5.5 厘米
重 73.9 克

掩鬓恰如其名，是专门用来掩盖鬓角的发饰，左右各戴一个。

掩鬓

回 **楼阁人物金簪** 回

明

1958 年江西省抚州市南城县益庄王墓出土

通过对中国古代服饰的深入探索，我们不仅见证了时代的变迁，也领略了中华传统文化的深邃与丰富。这是一次视觉上的盛宴，更是一次穿越时空的文化之旅，让我们去深刻感受"衣冠王国"的魅力。

中国古代饮食文化

古老的磨盘

在探索古代饮食文化的奥秘时，我们不得不提到一种重要的农作物加工工具——新石器时代的石磨盘和石磨棒。这些工具不仅反映了古代人类的智慧，也是我们理解古代食物制作过程的关键。

石磨盘采用整块石料琢制而成，其外形为独特的鞋底状平面，两端为圆弧形，侧边平直，底部有4个柱状矮足。与之配套的石磨棒同样由砂岩磨制而成，形态规整，呈细长圆柱状，是用于手工脱壳的理想工具。古人将带壳的粟（sù）米放置于石磨盘上，然后用石磨棒来回搓动，从而可以有效地将粟壳与粟米分离。这种脱壳工具不仅适用于谷物，还适用于坚果类食物。石磨盘和石磨棒的发现，证实了当时的农业生产工具已经系统化，农业生产也已经脱离了最初的状态，中国的粟作农业起源应该比新石器时代更加久远。

长 63.5 厘米
宽 28 厘米
高 7.3 厘米

长 47.8 厘米
直径 4.8 厘米

1978 年河南省新郑县（今新郑市）裴李岗遗址出土

石磨盘、石磨棒
新石器时代

俗话说，民以食为天。饮食是人生存最为基础也最为必要的需求，在这之上，又逐渐形成了别具特色的饮食文化。2021 年 12 月，中国古代饮食文化展在国博北 11 展厅开幕，展出 240 余件文物，全面呈现了中国古代饮食文化的历史变迁，真实刻画了古代劳动人民充满烟火气息的日常生活。

多姿的饮食用具

对于古人来说，饮食不仅是为了饱腹，也可以是生活中一件"有趣"的事情。从展览中几件造型别致的器具上，就能看出这种趣味。辽朝的绿釉贴塑云龙纹皮囊壶和清朝

粟

水稻

南稻北粟

粟这种作物具有耐寒、耐旱的特点，适宜较为干燥的北方地区种植，并成为当地的主要粮食来源。相对的，南方地区温暖湿润，水源丰富，则为水稻的生长提供了理想的环境。因此，水稻在南方得到了广泛的种植，并逐渐成为南方地区的主食。随着时间推移，这种"南稻北粟"的农业模式，在中国形成了鲜明的地理分布特征。

5.5 厘米

◉ **绿釉贴塑云龙纹皮囊壶** ◉
辽

28.5 厘米

◀ 这件文物的顶部有双孔设计，方便串绳悬挂、携带。在壶的一侧设有带盖子的出水口。

10.5 厘米

的朱漆皮胎彩绘葫芦式餐具盒，它们来自不同的朝代，颜色艳丽，共同展示了古代精湛的工艺和饮食文化的多样性。

绿釉贴塑云龙纹皮囊壶以其独特的设计和精细的工艺脱颖而出。它壶身肥硕，上薄下厚，仿佛由几片皮革缝合而成，展示了实用与美观的完美结合。壶身两侧的卷曲龙纹，刻画细腻，如云中飞舞的神龙，增添了一种神秘高贵的气息。其鲜绿的釉色柔和而清新，也给人以视觉上的享受。

另一件引人注目的文物是清朝的朱漆皮胎彩绘葫芦式餐具盒。这套餐具盒内装有多种大小不一的餐具，其数量之多和种类之丰富，体现了清朝餐桌上的繁复和精致。每件器物上绘有折枝花、牡丹、桃花等不同图案的彩绘，富有深厚的文化内涵和吉祥寓意。

19.5 厘米

13 厘米

14.2 厘米

◉ **朱漆皮胎彩绘葫芦式餐具盒** ◉
清

美食与佳节

从元宵节的汤圆、端午节的粽子到中秋节的月饼……中国的节日美食承载着深厚的文化意义。在探索中国古代饮食文化展览中，清朝的月饼模子尤为引人注目。这件精致的木制模具，不仅是月饼制作的实用工具，更是中国岁时饮食文化的重要见证。

月饼，作为中秋节最有标志性的食品，历史可追溯至殷周时期的"太师饼"。汉朝时曾有"胡饼"，唐朝民间出现了糕饼铺子，直至宋朝的书籍中，第一次出现了"月饼"的名称。明朝的月饼上，开始出现嫦娥奔月等寓意深远的艺术图案。到了清朝，月饼制作的工艺和月饼的品种都有所发展。雕刻精美的月饼模子不仅赋予了月饼独特的外形，更富有象征意义，反映了当时社会的风俗习惯和审美趣味。

这些月饼模子，记录了清朝月饼的形状，映射出中国人对美食的无限热爱。

五谷丰登

人们常以"五谷丰登"来形容丰收。它曾经指五种具体的作物，但有多种说法，通常的说法是稻、黍、稷、麦、菽，其中菽指的是豆类。现在，"五谷"则被用作农作物的统称，也包括玉米、薯类等。

集山珍海味于一席

宋元海丝宴起源于闽南，它融合中原汉族文化与闽南越族文化的精粹，是闽菜的代表。它既是一桌丰盛的饭菜，也是一次文化的复兴与创新。人们根据《山家清供》的描述对菜肴进行复原，并聚集当地的各种名菜，不仅展示了福建石狮地区山海资源的丰富，也体现了该地区在海上丝绸之路的历史中所扮演的重要角色。

2023年2月，中国国家博物馆的古代饮食文化展上新增设的这桌宋元海丝宴的模型成为一大亮点。它不只是菜肴的再现，更是对宋元时期美食文化的传承与创新的展示。这桌宴席集合了山珍海味，融合了海丝、商贸等多元文化元素，展现了石狮的地域特色和城市品格。

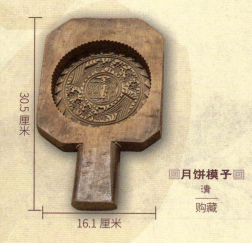

30.5厘米

16.1厘米

月饼模子

清

购藏

70

山海兜

这道菜取材嫩笋与海河鲜，以绿豆粉皮包起蒸制，集合了山珍与海味的美味，口感复合丰富。

满载荣归

相传这道菜的灵感来源于开渔节时千帆竞发的场景，把小黄鱼做成小船的形状，洋溢着满载而归的祝愿。

龙腾四海

在中国烹饪文化中，虾有龙的寓意，这道菜选用福建大九节虾，配合黄瓜丝、酱汁等，可谓是色、香、味、形一应俱全。

山家三脆

一道由嫩笋、菌类和枸杞嫩叶焯熟制成的素菜，口感爽脆，代表文人阶层对于节俭、淡泊的追求。

醋椒鲜瑶柱

这道菜的主料为瑶柱，以低温煮熟，切薄片，配以西芹、红椒，再淋上醋椒汁，无论是视觉还是味觉都能给人以享受。

　　在中国古代饮食文化展中，虽不能闻到、品尝到历史上真正的美食，但通过这些器具、模型，我们不仅能够感受到源远流长的饮食文化，也能够更好地理解古代人民生活的丰富多彩和对美食的独特追求。这次展览不仅是一次饮食文化盛宴，更是一次跨越时空的文化之旅。

科技的力量

科技，不仅是发明和发现的故事，更是一个民族智慧和梦想的展示，从古至今，一个个伟大的科技成就如星辰般熠熠生辉。2021 年 9 月，"科技的力量"在 2 号中央大厅开展，在这里，我们将一起踏上这段振奋人心的旅程。

天干地支

天干地支纪法，也称干支纪法，是中国古代一种独特的时间记录系统，由两个部分组成：天干和地支。

天干包括 10 个：甲、乙、丙、丁、戊、己、庚、辛、壬、癸。地支则由 12 个组成：子、丑、寅、卯、辰、巳、午、未、申、酉、戌、亥。将天干和地支依次结合，形成 60 个不重复的组合，用以纪日、纪月、纪年。中国的历史虽然很长，只要顺着干支往上推，历史日期便清清楚楚。

时间的印记

在中国悠久的历史中，有一种独特的时间记录方式——天干地支纪法。这种纪法源远流长，至今仍被广泛使用。商朝末年，在一块牛肩胛骨上刻下的"干支表"，就是这一古老传统的珍贵见证。

这块牛骨上的"干支表"由甲子、乙丑、丙寅等 60 个序数组成，展示了古代中国人如何用这种方法来记录时间。这不仅是计时的一种方式，更是对宇宙循环的深刻理解。商朝人民通过将十天干与十二地支结合，形成了每 60 个为一循环的完整体系。

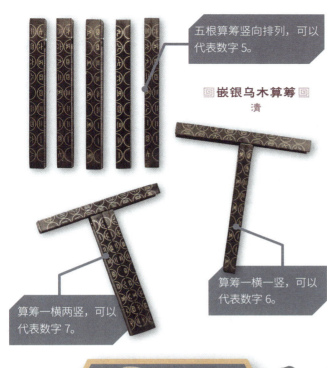

五根算筹竖向排列，可以代表数字 5。

回 嵌银乌木算筹 回
清

算筹一横两竖，可以代表数字 7。

算筹一横一竖，可以代表数字 6。

长 22.5 厘米
宽 7.4 厘米

回 刻「干支表」牛骨 回
商
河南省安阳市殷墟出土

纵横为数——回

在没有计算器的时代，古人用一把小棍，就能表示数字并进行计算。这些意义非凡的小棍就是"算筹"，这种古老的计算工具，见证了中国数学史的辉煌。算筹早在春秋战国时期已被广泛应用，是进行日常计算的重要手段之一。

从汉朝到隋朝，算筹不断演变着。算筹最初以竹、铅、骨等材料制成，又逐渐从圆形转变为三棱形和四棱形，更便于放在平面上使用。这不仅显示了计算工具的发展，也体现了当时数学思想的进步。红色和黑色的算筹分别可以代表正数和负数，这种用颜色区分的方式早在三国时期就已出现。

在这套嵌银乌木算筹诞生的清朝，人们主要的计算工具已经变为算盘，而这套算筹的制作又是如此精美，或许它们更多地被作为一件工艺品看待。它们不仅反映了算筹的历史和用途，更展现了古代工匠的精湛技艺。

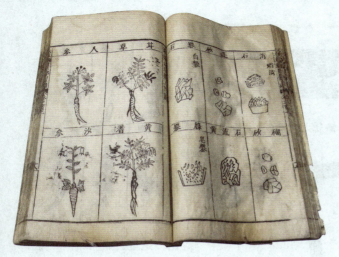

▲ 每一种中草药的图片旁都标注有名字，便于读者对照、辨别种类。

本草百科全书

中医作为中国古代伟大的科学成就之一，源远流长，其知识积累和实践经验丰富，从神农尝百草的传说到详细的药物学研究，都体现了中华民族对自然界和人体健康的深刻理解。在这漫长的探索过程中，明朝李时珍的《本草纲目》无疑是一个重要的里程碑。《本草纲目》的编纂，是他对前人工作的继承和超越。

李时珍采用了创新的多级分类法，将中草药分为16部60类，在保留标注引文出处的优良传统上，变革了古本草的旧分类法。它汇集了当时已知的近两千种药物和万余副方剂，更是在药物分类和医学理论方面作出了革命性的贡献。

展览中展出的是一本刊印于明万历三十一年（1603）的《本草纲目》。

乘风破浪

在古代中国的航海史中，有一类结构特殊的船只，它采用福船的船型，以"水密隔舱"结构制造。这种技术通过在船内设置隔板，将船舱分为多个独立的舱室，即使部分舱室进水，船也能保持总体的稳定，大大提高了航海的安全性。

明朝著名航海家郑和的下西洋

二千料海船（模型）

桅（wéi）杆沿船的中线排列。

帆的设计便于伸展与折叠。

之旅，就是乘坐这样的福船完成的。当时，郑和的船队远航至亚非多国，展示了当时中国航海技术的先进和国力的强盛。随着时间的流逝，这种传统的木制帆船逐渐被现代的钢制船舶所取代，但它们在航海史上的地位仍然不可磨灭。

今天，在博物馆中展示的二千料海船模型是依据郑和船队的船只型制所制的，是对这种古老航海技术的致敬，让我们记住中国古人的造船智慧。

探索天空的新视角

了解了古代的科技成就，那么让我们再将视角转到当下。中华人民共和国成立以来，中国科技事业得到了迅速发展，中国从一个古老的农业大国转变为具有全球影响力的工业大国。在众多领域取得显著成就的同时，中国的航天技术也达到了新的高度。风云四号卫星便是这一时代成果的代表之一，展厅中展出着它的模型。

这款新一代静止气象卫星具有国际先进水平，装备多种高精度监测仪器，能实现对天气、环境和灾害的全面监测。风云四号的主要任务是提升天气预报的精准度，特别是对复杂天气系统的监测能力。它的高级装备，使得我们对大气和天气现象的观察更加细致，为天气预报和环境监测提供了强有力的支持。风云四号卫星不仅在国内发挥着重要作用，还在全球气候监测和环境保护中贡献力量。它的成功发射和运行，展示了中国在航天领域的创新能力，为全球科学研究和应对气候变化提供了宝贵数据。

▶ 风云四号科研试验卫星于 2016 年 12 月在四川省的西昌卫星发射中心发射。

回**风云四号卫星（模型）**回
现代

从古老的甲骨文到现代科技，这场展览是对中国科技发展历程的一次奇妙回顾。从历史的灿烂到现代的辉煌，科技一直是推动我们国家前进的力量，每一项发明都是我们民族智慧的见证。

中国古代玉器

中国的玉文化源远流长，与中国人的精神追求息息相关。从古至今，玉器在中华文明中一直扮演着重要的角色，不同时代的人们赋予了玉器不同的象征意义和文化内涵。开幕于 2023 年 8 月的中国古代玉器展，带领我们共同在国博北 19 展厅中探寻中国古代的精美玉器。

以玉作图腾

在此展厅中，我们首先看到这两件古老的玉器——凤形佩和玉蛙。它们不仅在外形上各具特色，更承载着丰富的原始信仰文化内涵。在古代，凤被视为神鸟，佩戴凤形的玉佩意味着与神灵沟通，展现了古人对神秘力量的向往和崇拜。持有凤形佩的人一般是当时的权势者或显贵，也可能是负有通神职责的巫觋（xí）等。凤形佩造型生动优美，代表了石家河文化玉凤雕刻的最高水平。

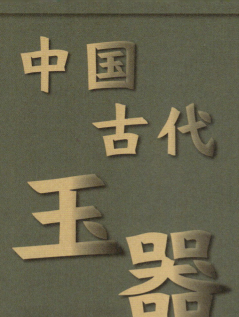

凤形佩 新石器时代

◀ 这件凤形佩以镂空的形式，描绘了一只姿态优美的凤鸟。凤鸟首尾相连，翅膀部分用线条雕琢出类似羽毛的纹样。

蛙是古代原始信仰中的另一个图腾形象，玉雕蛙最早见于良渚文化。蛙在古代被赋予丰富的含义，象征多产、生育繁衍，并被用来祈雨。这些古老而神秘的文化意涵，使得玉蛙成为古人对自然力量的崇敬和祈愿的象征。

无论是凤形佩还是玉蛙，都展现了古代玉器制造的精湛工艺和玉器特殊的文化地位。通过这些玉器，我们可以窥见古人的信仰体系和审美情趣，感受古代玉文化的魅力。

玉蛙 商

戈冠玉凤佩 商

玉螭虎食人佩 战国

兽面纹玉琮 新石器时代

▼ 这枚配饰雕刻的是一个头戴鸟形冠，呈蹲踞姿态祭拜的人物。据推测，这个人的身份可能是扮作神鸟的巫师。

凤冠玉人 商

长 12 厘米
宽 4.4 厘米
厚 0.6 厘米

琳琅之玉

在中国历史上，玉器一直是重要的社交礼品和身份的象征。贵族常常佩玉，玉也以其特有的温润质地，被我们与"君子"的形象紧密地联系在一起。

在中国古代服饰文化展的部分，我们已经见过战国时期的组玉佩了，而下面的这件精美而小巧的玉器，也是组玉佩的一部分。从形制上看，它属于"珩（héng）"，是组玉佩最上方的部件，我们还能够看到它的中部以及左右两端的"龙首"部位都有小孔，用于与其他组件串系在一起。这件白玉透雕双龙首珩材质晶莹剔透，制作工艺精湛，展现了战国时期的玉器之美。

三连谷纹

龙首

白玉透雕双龙首珩 战国

花蕾纹

2.5 厘米

9.4 厘米

77

精雕细琢

随着时代变迁，玉器逐渐褪去神秘的面纱，成为人们生活中的装饰与点缀之物。在中国国家博物馆的玉器专题展中，隋朝的钗和金朝的鹘（hú）啄鹅带饰，以其精湛的工艺和重要的历史价值，成为展览中的璀璨明珠。

玉钗
隋
1957 年陕西省西安市李静训墓出土

出土于李静训墓的隋朝玉钗，它们简洁而高雅的造型，反映了当时社会的审美趣味和贵族女性的精致生活。这 3 件白玉制成的钗，形制一致，均采用双股设计，自上而下逐渐细长，顶部造型呈现出弧形与方形结合之美，下端尖锐，既实用又美观。与同期出土的水晶钗相比，它们更加突显了羊脂白玉独有的温润光泽。隋朝玉钗的出土，为我们研究隋朝妇女的发饰风尚提供了珍贵的实物证据。

青玉镂雕鹘啄鹅带饰
金
长 8.3 厘米，宽 7.6 厘米

▲造型生动，雕刻细致，生动展现了鹘捕天鹅的场景。

金朝的鹘啄鹅带饰则展示了不同的美学风格。这件作品采用青玉制成，通过高浮雕和镂雕技术，生动地描绘了一幅鹘捕天鹅的场景。图案中的天鹅形体健硕，长颈优美地向上弯曲，而鹘则展翅高飞，锐利的爪子紧紧抓住天鹅的头部，展现出草原文化中人对自然界生死循环的理解。这件带饰的题材被称为"春水"，反映了当时社会对自然界事物的赞美。

这两件文物，一静一"动"，不仅展现了古代玉器的多样性，还反映了随着时代变迁，玉器的用途和审美观念的变化——玉器的世俗化趋势逐渐明显，但不变的是人们对其温润之美的喜爱。

案上的美玉

除了作为发间、衣着的饰品之外，玉器也常常出现在文人雅士的几案之上，既成为生活中的点缀，也彰显着他们的品位。

玉雕人物山子是一件精美的辽金时期玉器。此件作品采用青玉材质，通过多层镂雕和透雕技法精心制作而成。在这件玉器中，一位高士骑马行走在山林间，侍从紧随其后，另有人在前拱手相迎，营造出一种宁静而和谐的氛围，也展现出人与自然和谐共处的美好景象。最为巧妙的设计是用黄褐色的玉皮雕出柞树的金黄色树叶，既为山子增添了秋日的浓郁色彩，也

🔲 玉雕人物山子 🔲
辽－金
宽 12.5 厘米，高 9.6 厘米

丰富了层次。与鹘啄鹅带饰的"春水"相对应，这件玉雕人物山子表现的就是"秋山"的题材。

玉葫芦形水盂则是一件典型的清朝文人书房用品。作为书案上的贮水器，它具有实用功能，用于为砚台添水磨墨，其特殊的葫芦造型更寓意着福禄。器物采用高浮雕和透雕技术，细致刻画了葫芦枝蔓和蝙蝠纹，这些纹饰寓意着子孙繁衍、家族昌盛，体现了人们对美好生活的祈盼。

18.6 厘米
8 厘米

🔲 玉葫芦形水盂 🔲
清

从神圣的礼器到俗世的珍宝，玉器见证了中华文明的演进，传承着人们追求吉祥和美好的愿望。让我们共同将传统与现代相结合，让玉文化继续闪耀光芒，为世界文明增添光彩。

79

中国古代瓷器

在浩瀚的历史长河中，瓷器以其精妙的美学和卓越的工艺，成为中华文明独特的象征。从古至今，它不仅见证了技术的革新和艺术的繁荣，更承载了深厚的文化内涵和民族精神。自2023年1月起，中国古代瓷器展在中国国家博物馆北17展厅开展，让我们一同欣赏中国瓷器之美。

回 青釉仰覆莲花尊 回
北朝

1948年河北省衡水市景县封氏墓出土

通高63.6厘米
口径19.4厘米
足径20.2厘米

瓷器上的"泼墨图"

自夏商以来，中国的瓷器制作技艺便开始了它的"精彩旅程"，到了东汉晚期，这一技术绽放成熟之花。唐朝的人们为了让颜色单一的瓷器呈现出多种花样，创造了"花釉"。匠人以黑釉、黄釉、黄褐釉或天蓝釉为画布，巧手点染铜、锰等多种金属氧化物釉料，高温烧制后，瓷面便绚丽转身，披上了天蓝、月白的斑斓外衣，给人以强烈的视觉冲击和美的享受。

在艺术创新的浪潮中，中国古代瓷器展中的这件花釉浇壶便是其中的代表作之一。壶身线条流畅，从曲线形的壶口、

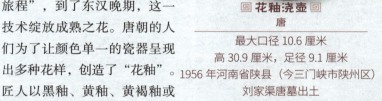

回 花釉浇壶 回
唐

最大口径10.6厘米
高30.9厘米，足径9.1厘米
1956年河南省陕县（今三门峡市陕州区）
刘家渠唐墓出土

长颈到鼓腹，再到精巧的假圈足和曲柄，都体现出它优美的造型。在浅色的釉底上，蓝色的斑纹随意洒落，深浅彼此交融，宛如天边飘逸的云霞，更像一幅生动酣畅的泼墨画，展现了无与伦比的美。与宋朝、元朝或是明清的瓷器相比，这件花釉瓷器虽看上去十分朴拙，却有着别样的韵味。

▼ 展厅的一面墙上，悬挂着 40 个颜色各异的小盘子，它们展示的正是中国瓷器中不同的釉色。

郎窑红釉观音尊

清

至美中国色

中国瓷器的美，也体现在它们绚烂的釉色上。自商朝以来，颜色釉瓷随着时间的流逝不断演变，从早期的青黄釉，到宋朝五大名窑中丰富多样的各种色釉，再到元明的蓝釉与祭红釉……颜色釉的技艺一路走来，历经磨砺，愈发缤纷。清朝康熙年间的"郎窑红"，以其浓郁鲜艳的红色釉面，将颜色釉陶瓷的魅力推向了巅峰。

我们面前的这件郎窑红釉观音尊，便是郎窑技艺精华的代表作。这件观音尊以其端庄雅致的形态，似观音亭亭玉立，釉色浓艳而不失光泽，釉面开片增添了几分古朴的韵味。尤其是其釉色在高温下自然流淌而形成的"脱口垂足郎不流"的现象，展现了无与伦比的工艺美学，成为一抹动人的中国红。

釉里红的绝代风华

中国的青花瓷世界闻名，而釉里红则是另一种与青花瓷类似，同样在釉下绘制花纹的瓷器类型。这种独具魅力的彩绘瓷器，以氧化铜为呈色剂，在白瓷坯上勾勒出生动的纹饰，再覆以一层清澈的透明釉，经过一次高温的烧制，最终呈现出鲜艳如血的红色，与纯洁的白底相映成趣。雍正年间，这门工艺被推向极致，釉里红的色泽不仅纯正、鲜艳，且质感莹润，透过釉面仿佛能看到深处的流光溢彩。

雍正釉里红三果纹玉壶春瓶，就是运用釉里红这一技艺制造而成的杰作。它以端庄的姿态、带有吉祥寓意的三果纹饰，以及鲜丽夺目的红色、洁白如玉的釉底，展现出清朝釉里红瓷器的非凡魅力。这件瓷瓶也是雍正时期釉里红烧造技艺稳定性的证明。

釉里红三果纹玉壶春瓶

清

"斗"艳争奇

斗彩是中国传统彩绘瓷的瑰宝，以其独特的制作工艺——釉下青花与釉上彩色相结合的艺术手法闻名于世，就好像是宁静深远的青花在与五颜六色的颜料争奇斗艳。斗彩瓷器的制作要求极高的精确度和艺术感：先以钴料勾勒出青花的轮廓，烧成后再在釉上施以丰富的色彩，形成独特的视觉叠加效果。斗彩工艺在明朝宣德年间初创，到了雍正年间，斗彩的艺术表现力和技术处理更显精湛，色彩艳丽、布局讲究，被视为斗彩瓷的巅峰时期。

斗彩番莲纹葫芦瓶形态优雅，瓶身斗彩装饰精美，上部绘有蝙蝠和"寿"字图案，象征"五福捧寿"，下部则精绘番莲纹，寓意吉祥。斗彩八吉祥纹盘，则以其浅腹广底的形制和丰富的纹饰彰显独特魅力，盘内壁绘有八吉祥纹与祥云纹，盘心更是巧妙地布置了双夔凤衔花纹，外环装饰以折枝西番莲，看起来华丽而热闹。

4.8 厘米

26.6 厘米

10.1 厘米

斗彩番莲纹葫芦瓶

清

斗彩八吉祥纹盘

清

口径 50.5 厘米，足径 29.2 厘米

粉彩

在清朝的康熙、雍正、乾隆年间，有一种釉上彩瓷器十分具有代表性，那便是粉彩。它以独有的柔和色彩和细腻渲染，成为清朝皇家瓷器的标志性工艺。想要达到这种效果，需要特殊的制作工艺：首先在瓷器表面施以"玻璃白"作为底彩，其次精心叠加各种彩料，使得图案色彩柔美、层次分明。因为是先上釉、后彩绘，如果我们触摸粉彩瓷器，还可以摸到色料的凸起。

粉彩桃纹天球瓶作为乾隆年间粉彩瓷器中的杰出代表，尽显粉彩艺术的细腻韵味。这件天球瓶以其标志性的圆润造型和精美的桃纹图案，展现了乾隆时期粉彩瓷器的精湛工艺。瓶身通体描绘着茁壮的桃树，树上挂满了9个象征长寿与福气的蟠桃，周围还点缀着盛开的白月季，使整件作品富有生机。在洁白的瓶体上，粉、绿、黄几色交织，显现出皇家瓷器对色彩运用的极致追求。

▼ 桃纹主题的粉彩天球瓶，雍正、乾隆两朝均有烧制，画意内容相同，但是蟠桃的数目有别，雍正时多为8个，乾隆时则是9个。

瑰丽珍奇，皇家风范

在清朝皇家的瑰丽殿堂中，珐琅彩瓷器以其绚烂色彩和精湛工艺独占鳌头，被清宫雅称为"瓷胎画珐琅"，也称"洋彩"。这种艺术品种采用富含硼的珐琅料，在精制的瓷胎上绘制各式图案，随后入窑高温烘烤，带有珐琅器般的金属光泽。珐琅彩瓷器生产数量稀少、工艺复杂，每一件都是皇家风范的完美体现。

这件珐琅彩西洋花纹蒜头瓶，造型古朴典雅——蒜头形状的瓶口，配以长颈和圆润的腹部，底部则收紧于圈足。瓶身装饰着以凤尾纹为底、其上缀以金彩的缠枝花卉图案，红、黄、蓝、白等色彩交织，斑斓而不乱，绚烂中见稳重。尤为引人注目的是，它的纹样采用了仿欧洲洛可可风格的西洋卷草花设计，花叶之间翻转卷曲，连绵不绝，展现了一种规整而繁复的美感。

珐琅彩西洋花纹蒜头瓶　清

高 18.6 厘米
口径 2.8 厘米
底径 5.3 厘米

11 厘米

50.6 厘米

粉彩桃纹天球瓶　清

●千"瓶"百态

瓷器的形态，直观地映射了瓷器设计演进的轨迹，甚至反映了各个时代的风格倾向。葫芦瓶、天球瓶、玉壶春瓶……这些瓷器或名称优雅动人，或形象生动，展现了中国瓷器之美。

葫芦瓶　蒜头瓶　天球瓶　玉壶春瓶

从千年前的古朴，到斗彩、珐琅彩、粉彩的瑰丽，我们见证了中国瓷器从单一釉色到丰富多彩的变迁，从实用器物到艺术珍品的跨越。它们不仅展现了中国古代工匠的匠心独运和艺术创造力，更反映了中华传统文化的深邃与博大。

到国博，探索更多精彩

中国国家博物馆以基本陈列为基础，以常设专题展览为骨干，每年还会推出多个不同主题的临时展览和巡展，将古今科技、文化艺术等精彩内容呈现在观众面前。一起来看看，国博还有什么精彩的展览吧！

专题展览

除了服饰文化、饮食文化、玉器、瓷器等展览外，中国国家博物馆还策划了许多主题各异的专题展览，每一个展览都独具特色，生动展现了中华文明的多样魅力，从不同角度诠释了中华文化的深厚底蕴。

镜里千秋——中国古代铜镜文化

📍 南 14 展厅

展期 常设

铜镜不仅在古人的日常生活中扮演重要角色，也具有丰富的文化内涵。展览精选了 260 余件（套）展品，串联出一条中国古代铜镜的发展脉络。除此之外，展览也综合运用了动画、多媒体互动等新技术，呈现铜镜在古代中国的发展历史、制作工艺等。

中国古代钱币展从 20 余万枚馆藏钱币中，精选出 1800 余件进行展览。展览分为两个部分，第一部分名为"泉林漫步"，按照时间顺序展示自先秦至近代不同时期的钱币。第二部分名为"圜宇方圆"，通过展品介绍历史上钱币与社会文化的关系。

中国古代钱币展

📍 南 11 展厅

展期 常设

中国古代书画——明清绘画中的山水行旅

📍 南 12 展厅

展期 常设

展览以"明清绘画中的山水行旅"为副标题，精选 50 余件创作于 15—19 世纪的山水画作，呈现出一场虚实交融、气韵万千的山水书画展览。展览分为"实景·佳致"与"溪山·怡情"两个部分，既展现古人对山水风景的生动描绘，又让参观者领略到山水画中的精神内涵。

中国古代佛造像

📍 **南 13 展厅**

展期 常设

展览精选馆藏的 200 余件精美文物，呈现中国古代佛教造像艺术的发展历程。展览共分为三个部分。第一部分为不同时代、地区的石窟中的佛造像，第二部分为汉传佛教的佛造像，第三部分为藏传佛教的佛造像。

和合共生——故宫·国博藏文物联展

📍 **南 3 展厅、南 4 展厅**

展期 2022 年 9 月至 2023 年 4 月

临时展览

中国国家博物馆经常开设各类临时展览。临时展览的最大魅力在于它们主题、形式灵活，内容新颖，形式多样，满足参观者的不同需求。如果错过了展期，也不必遗憾，很多展览都可以随时通过博物馆官方网站进行虚拟参观。

德化白瓷

本次展览精选出从古至今的 400 余件德化白瓷精品，分为"一白独秀"和"百技争艳"两个单元，带参观者领略德化白瓷的博大精深与无穷魅力。艺术家用白瓷模拟出布、纸等材质的形态，给人以新奇的视觉体验。

中国白——德化白瓷展

📍 **北 1 展厅、北 2 展厅**

展期 2023 年 8 月至 2024 年 7 月

本次展览是中国国家博物馆与北京故宫博物院两大文博机构的首次联手，依托国博与故宫博物院的丰厚藏品，呈现一场以"和"为中心的文物盛宴。

巡展

中国国家博物馆开设巡展是主动走向社会、服务观众的举措。中国国家博物馆与各地博物馆合作，策划推动展览和馆藏文物流动，使更多文物走出库房、走上展线，让全国的人们都有机会近距离欣赏珍贵文物。

吉金铸史——青铜器里的古代中国

中国国家博物馆藏有大量精品青铜器文物。展览先后巡回至深圳博物馆、新疆维吾尔自治区博物馆、三星堆博物馆等博物馆。

虎鎣：新时代·新命运

该展览以回归文物虎鎣为中心，介绍文物本身以及与之相关的历史。展览先后巡回至哈尔滨市博物馆、苏州湾博物馆等博物馆。

馆藏导览

2012 年扩建完毕并正式对外开放后，中国国家博物馆的建筑面积增加到近 20 万平方米，拥有 48 个标准展厅，是世界上单体建筑面积最大的现代化综合性博物馆，现有藏品数量 143 万余件（套），包括古代文物、近现当代文物、艺术品等多种门类，囊括了中华文明的灿烂辉煌。

• B1 层

B1 层的南北多个展厅共同组成了"古代中国"基本陈列。此外，学术报告厅、剧院、演播厅也位于这一层。

古代中国

①人面鱼纹彩陶盆

④击鼓说唱俑

学术报告厅　剧院

演播厅

②"后母戊"青铜方鼎

③四羊青铜方尊

⑤绿釉鸱吻

•1&2 层

"复兴之路"与"复兴之路·新时代部分"两个基本陈列分别从1&2层的北、南区开始。一号中央大厅周围的几个展厅则通常用于临时展的陈列。

一号中央大厅

复兴之路

复兴之路·新时代部分

•3层•

3层北部设有中国古代饮食文化展等专题展览或临时展览,以及"复兴之路"的后半部分,南部为"复兴之路·新时代部分"的后半部分。

中国古代饮食文化

复兴之路

复兴之路·新时代部分

中国古代服饰文化

中国古代玉器

科技的力量

中国古代瓷器

•4层•

多个专题展位于4层,涵盖了服饰、瓷器、玉器、科技、钱币、铜镜、书画等不同主题。

国家博物馆

中国

NATIONAL MUSEUM OF CHINA